Collection
PROFIL
dirigée par Georges Décote

Série
TEXTES PHILOSOPHIQUES
dirigée par Laurence H

Éthique à Nicomaque

(LIVRES VIII ET IX)

ARISTOTE

Traduction originale

FRANÇOIS STIRN
certifié de philosophie

À la mémoire de Jean Lévi

HATIER

ISSN 0981-8170 ISBN 06814-1

Sommaire

INTRODUCTION

« Oui, nous vivons enfermés chacun dans notre cage de verre. Cela s'appelle retenue, froideur, quant-à-soi. »[1] Beaucoup reprendraient à leur compte cette remarque du philosophe-écrivain Michel Tournier. Personne ne s'étonnera qu'il faille aller, comme l'ethnologue Lévi-Strauss, chez les Indiens Nambikwaras du Brésil, dans une communauté lointaine, pour retrouver « l'expression la plus émouvante et la plus véridique de la tendresse humaine »[2].

Certains forment alors le projet de sociétés plus « conviviales », où les individus s'entraideraient, en particulier en cas de maladie, d'infirmité, de difficultés, au lieu de s'en remettre toujours à des institutions anonymes et impersonnelles telles les hôpitaux[3]. D'autres, comme le philosophe Frédéric Nietzsche (1844-1900), disent leur nostalgie de l'amitié chère aux penseurs grecs : « L'Antiquité voyait dans l'amitié le plus noble des sentiments. »[4] Et ils rêvent que, par-delà tout ce qui sépare les hommes, un même destin les entraîne, semblable à l'attraction universelle entre les astres : « Croyons donc à notre amitié stellaire, même si nous devons être sur terre des ennemis. »[4]

1. Michel Tournier, *le Vent Paraclet*, Éd. Gallimard, coll. Folio, 1977, p. 222.
2. C. Lévi-Strauss, *Tristes Tropiques*, Éd. Plon, 1955, p. 260.
3. Ivan Illich, *la Convivialité*, Éd. du Seuil, 1973.
4. F. Nietzsche, *le Gai Savoir*, Éd. Gallimard, coll. Idées, 1958, § 61, 279.

Certes, on continue souvent d'accorder à l'amitié « un caractère sacré », de la considérer comme « une chose rare »[1]. Mais on ne voit pas pour autant en elle une solution suffisante aux problèmes posés par la solitude et, surtout, on la place fréquemment au-dessous d'autres attachements : « La famille venait toujours au premier rang, et seule une minorité était prête à la sacrifier à l'amitié ; le travail venait aussi en bonne place, avant même la famille dans nombre de cas. »[1] Quand on n'en fait pas, comme Freud, une des manifestations, parmi beaucoup d'autres, du désir : « Le noyau de ce que nous appelons amour est formé naturellement par ce qui est communément connu comme amour et qui est chanté par les poètes, c'est-à-dire par l'amour sexuel (...). Mais nous n'en séparons pas toutes les autres variétés d'amour, telles que l'amour de soi-même, l'amour qu'on éprouve pour les parents et les enfants, l'amitié... »[2]

Sommes-nous alors en mesure de transmettre, voire de comprendre, l'exaltation, par Aristote, de l'amitié véritable ? Ce qu'elle représentait pour lui, - l'accomplissement de la sagesse, la pleine conscience du bonheur -, peut-elle encore le représenter pour nous ?

La vie d'Aristote

Biographie sommaire

Aristote naquit en 384 av. J.-C. à Stagire, petite cité peuplée surtout de Macédoniens et de Thraces, mais où l'on parlait grec. Son père était le médecin personnel du roi de Macédoine Amyntas II.

En 366 environ (il avait donc 17 ans), Aristote vint à Athènes et entra comme étudiant à l'école de Platon (428-347 av. J.-C.), l'Académie. Il y demeura jusqu'à la mort du maître.

1. J. Maisonneuve, *Psychosociologie des affinités*, Éd. P.U.F., 1966, p. 192 ; et Th. Zeldin, *Histoire des passions françaises, 1848-1945*, Éd. du Seuil, coll. Points, p. 346.
2. Sigmund Freud, *Essais de psychanalyse*, Éd. Payot, 1970, p. 109.

De 347 à 343, il enseigna dans de petites cités, Assos, puis Mytilène. Il se maria alors à deux reprises, et eut de sa seconde épouse un fils, Nicomaque, qui mourut jeune, peu après la composition de la *Morale* qui lui était destinée.

De 342 à 334 Aristote fut, à la cour de Macédoine, le précepteur du futur souverain, alors adolescent, Alexandre, fils du roi régnant Philippe. Qu'enseigna-t-il à son jeune élève ? Celui-ci, devenu roi à son tour en 336, se lança dans une immense expédition militaire qui le conduisit jusqu'aux Indes. On dit qu'il rêvait en fait de fraternité universelle, de réconciliation des Grecs et des Barbares. Était-il le philanthrope (l'ami du genre humain) qu'Aristote distingue du véritable ami[1] ?

En tout cas les souverains macédoniens mirent fin à l'autonomie politique des cités grecques, étendant sur elles une sorte de protectorat. Ce ne fut pas sans influence sur la représentation de l'amitié : l'individu, perdu dans de grands Empires, vit en elle un moyen d'échapper à un sentiment de solitude. N'a-t-on pas un équivalent de cette attitude dans les modernes « communautés » ? « La solitude est source de bien des peines. »[2]

En 334, Aristote revint à Athènes où il ouvrit une école rivale de l'Académie, le Lycée. On dit qu'il enseignait en marchant avec ses élèves, ce qui leur valut le surnom de péripatéticiens.

En 323, la mort d'Alexandre fit relever la tête au parti antimacédonien. Soupçonné d'avoir été un « collaborateur », Aristote dut quitter Athènes, laisser la direction de l'école à son disciple Théophraste, et se réfugier à Chalcis, la ville natale de sa mère. Il y mourut l'année suivante (322).

La relation à Platon

Nous verrons plus loin comment Aristote s'opposa aux doctrines professées par son maître (ci-dessous, p. 14). Il semble, de surcroît, que cette opposition ait été *vécue* dou-

1. Aristote, *Éthique à Nicomaque*, VIII, 1.
2. *E.N.*, IX, 9.

loureusement comme un conflit entre la recherche de la vérité et l'amitié : « Vérité et amitié nous sont chères l'une et l'autre, mais c'est pour nous un devoir sacré d'accorder la préférence à la vérité. »[1]

Ce texte peut sembler étrange. Pourquoi, se demandera-t-on, ne pourrait-on concilier par le dialogue les divergences intellectuelles et les liens affectifs ?

Mais, justement, Aristote ne paraît pas croire à une telle conciliation, puisque l'amitié achevée suppose, selon lui, que l'ami soit « un autre nous-même »[2].

Le contexte historique et social

La Cité-État, la petite cité politique indépendante, à laquelle Aristote semblait attaché, alors que son élève Alexandre rêvait de la dissoudre dans un Empire cosmopolite, favorisait l'accomplissement de l'amitié. Par sa petite taille, par les loisirs qu'elle donnait aux citoyens aisés, comme notre philosophe, elle multipliait les occasions de rencontre, de coopération, d'entraide. La vie en commun des maîtres et des disciples dans les écoles philosophiques n'était pas sans permettre un compagnonnage affectueux. Le statut des femmes, astreintes à se consacrer dans leurs maisons à l'éducation des enfants en bas âge, limitait l'action de la famille, au point qu'un vieux proverbe disait : Amitié prime parenté. D'ailleurs, dans les textes littéraires, les héros de l'amitié étaient surtout des hommes (par exemple, Achille et Patrocle dans *l'Iliade* d'Homère), alors que les femmes semblaient vouées à la passion amoureuse (Ariane, Didon) ou à la fidélité conjugale (Pénélope, Andromaque).

La domination des petites cités par de vastes Empires conquérants n'annula pas l'importance de l'amitié, mais conduisit à lui conférer de nouvelles significations. La société des amis devint une sorte de refuge.

Les principales écoles philosophiques en témoignent. C'est ainsi qu'Épicure (341-270) enseignait dans le Jardin, lieu de calme qui protégeait le petit groupe des disciples.

1. *E.N.*, I, 4.
2. *E.N.*, IX, 4.

Comment agir sur les immenses puissances politiques ? L'individu ne pouvait plus se soucier que des conditions de son plaisir personnel, et l'amitié était une de ces conditions, une des plus importantes : « L'amitié consiste dans la mise en commun des joies. »[1]

Les sages stoïciens[2] s'élevèrent contre une organisation du monde en cités séparées et hostiles. Ils se proclamèrent citoyens du monde, et amis du genre humain. Ce « cosmopolitisme » était l'application morale et sociale de la « sympathie universelle » que la physique pensait découvrir dans une Nature où tout est uni, où le moindre fait a une répercussion sur l'ensemble.

Les ébranlements du monde politique contribuèrent donc à modifier la représentation de l'amitié. Mais elle resta, pour tous les penseurs grecs, puis romains[3], une vertu primordiale, et un thème essentiel. Pourquoi perdit-elle cette place privilégiée ?

Le thème de l'amitié dans l'histoire de la philosophie

On peut trouver plusieurs explications à ce recul[4].

1. Le christianisme ordonna une forme d'amour très différente de la *philia*. « Aime ton prochain comme toi-même. » Aime les plus démunis, aime même tes ennemis. Le prochain ne saurait être celui que l'on a choisi, privilégié, préféré, celui avec lequel on se sent des affinités.

Certes, saint Augustin (354-430) a magnifiquement montré, dans le livre IV des *Confessions*, le bouleversement introduit en lui par la mort d'un camarade d'enfance. Mais, justement, la découverte de la charité évangélique lui permit de surmonter cette épreuve de jeunesse.

1. In Diogène Laërce, *Vie, doctrines et sentences des philosophes illustres*, II, Éd. Garnier-Flammarion, 1965, p. 25.
2. Zénon de Cittium (336-264) fut le fondateur du stoïcisme.
3. Cicéron, *De la Vieillesse, De l'Amitié, Des Devoirs*, Éd. Garnier-Flammarion.
4. Cf. l'excellent exposé de J.-L. Bruch in *Bulletin de la société française de philosophie*, avril-juin 1977.

2. A partir du XIIe siècle fut exalté l'amour-passion. L'amitié parut bien tiède, raisonnable, maîtrisée, par rapport à cet emportement brûlant et tragique que des romans décrivaient (*Tristan et Iseut*), des pièces de théâtre représentaient (*Roméo et Juliette*), des poèmes chantaient (Dante et Béatrice, Pétrarque et Laure).

Sans doute, Montaigne (1533-1592) a-t-il raconté, (livre I des *Essais*, chapitre 28) l'intensité de sa relation avec La Boétie, cette amitié par laquelle chacun « perdit son âme dans celle de l'autre ». Mais il vivait toutes ses émotions comme un écho de celles des Grecs et des Romains de l'Antiquité auxquels il vouait un véritable culte. De surcroît, ce que l'amitié gagnait chez lui en puissance, elle le perdait en clarté. Il la présentait, en effet, comme un « mystère » incompréhensible, rebelle par conséquent aux tentatives de rationalisation de la philosophie : « Si on me presse de dire pourquoi je l'aimais, je sens que cela ne se peut exprimer qu'en répondant : "Parce que c'était lui ; parce que c'était moi". »

3. Notre civilisation du travail, dont la fin semble être la domination de la Nature par les hommes, a prôné, et, en tout cas, développé des relations de camaraderie, de solidarité professionnelle, de confraternité. Ces relations peuvent être le vivier d'attachements amicaux, ou encore le substitut de telles relations, parfois enfin le terrain de formes d'amitié dégradée, diffuse, de quasi-amitié (proche de ces espèces imparfaites qu'Aristote appelait, pour les distinguer de l'amitié achevée des sages, l'amitié plaisante et l'amitié utile). Ne dit-on pas plaisamment : nous sommes collègues et néanmoins amis ? L'homme débordant d'activité, qu'on nous propose comme modèle, est, d'ailleurs, un homme pressé. La véritable amitié suppose, comme Aristote l'a bien vu, du temps et du loisir.

4. Un historien remarque que « l'homme moderne est partagé entre une vie professionnelle et une vie familiale souvent concurrentes »[1]. Or les attachements familiaux sont des expressions de la *philia* prise au sens large (affection altruiste pour les êtres), et Aristote leur consacre un

1. Philippe Ariès, *l'Enfant et la famille sous l'Ancien Régime*, Éd. du Seuil, 1975.

chapitre (livre VIII, 7). Mais ils peuvent contredire l'amitié au sens restreint (choix d'un préféré). C'est ce qui se passe quand les amis deviennent des relations du couple. Imagine-t-on, se demande J.-L. Bruch[1], les Montaigne recevant les La Boétie à dîner ?

5. Au sage grec s'est substitué, dans le monde actuel, le héros, engagé dans la lutte politique, militant ou aventurier. L'action intense du combat ne l'amène pas à cultiver l'amitié, mais à la remplacer par la camaraderie politique, ou par ce qu'André Malraux a appelé « la fraternité virile ». Celle-ci se découvre en prison, face au danger : « Chacun est habité par les visages fraternels un instant aperçus. »[2] Or la fraternité unit un individu à un groupe, et non un individu à un autre. On peut, d'ailleurs, se sentir politiquement du même bord sans éprouver d'amitié. Nous verrons qu'Aristote distinguait l'*homonoia* ou concorde politique et la *philia* (*E.N.*, IX, 6).

6. L'amitié n'a donc plus dans les mœurs la place primordiale que lui conférait la vie dans les cités antiques. Est-ce une conséquence ? Elle a cessé d'être un objet privilégié des méditations philosophiques. Trois textes sont significatifs à cet égard.

- Le *Traité des passions* de Descartes (1596-1650) montre le lien de l'amitié et de l'estime. Plus précisément, « lorsqu'on estime l'objet de son amour moins que soi, on n'a pour lui qu'une simple affection ; lorsqu'on l'estime à l'égal de soi, cela se nomme amitié ; et lorsqu'on l'estime davantage, la passion qu'on a peut être nommée dévotion » (art. 83). Ce texte pourrait être d'Aristote : recherche d'un juste milieu, d'une égalité. Mais l'amitié n'est plus, pour le philosophe français, qu'une passion parmi d'autres, un élément d'une classification d'ensemble. Elle n'est pas cette vertu primordiale où s'accomplissent parfaitement la sagesse et le bonheur.

- La *Doctrine de la vertu* de Kant (1724-1804) distingue les devoirs d'amour et les devoirs de vertu (le respect pour les personnes) envers les autres hommes (livre II). Or l'amitié a un double caractère : elle est à la fois amour

1. J.-L. Bruch, *op. cit.*
2. André Malraux, *l'Espoir*.

et respect ; elle est « l'union de deux personnes liées ensemble par un amour réciproque et un égal respect ». Elle réalise donc un difficile équilibre entre deux éléments que toute la morale de Kant tend à distinguer : d'une part, l'inclination naturelle sans valeur morale ; d'autre part, le respect pour la loi, seul mobile acceptable de la moralité. Mais un tel équilibre, s'il peut être défini par la spéculation, est irréalisable en fait, ce qui fait que l'amitié est impossible : « L'amitié parfaite est une pure idée qu'il est impossible de réaliser absolument quoique elle soit pratiquement nécessaire. »

- *Ainsi parlait Zarathoustra* de Nietzsche (1844-1900) oppose l'amour du prochain et l'amitié ou amour du lointain (livre I, « De l'amour du prochain ») : « Je ne vous enseigne pas le prochain, je vous enseigne l'ami. » Car l'amour du prochain semble surtout un désir de se faire confirmer sa propre valeur, et de se sentir justifié dans son être présent, par le regard d'un autre semblable à soi : « Vous conviez un témoin lorsque vous voulez dire du bien de vous-même. » L'amour du lointain, au contraire, est recherche de ce qu'on pourrait être dans l'avenir, si l'on cherchait à se dépasser.

Il faut bien dire que l'amour du prochain, tel qu'il est ici défini, ressemble moins à la charité chrétienne qu'à l'amitié accomplie d'Aristote : chaque sage fournit à l'autre une sorte de miroir de son propre bonheur, permettant à ce bonheur d'être plus durable et plus conscient.

Aristote et ses prédécesseurs

Aristote et Homère

L'Iliade raconte un des épisodes de la guerre de Troie. Achille est possédé par le désir de venger son ami Patrocle, tué par le Troyen Hector. Le comportement d'Achille est alors si démesuré qu'il ne paraît pas refuser seulement la mort de l'être cher, mais aussi les limites mêmes de la condition humaine. Hors de lui, déchaîné, il traque les

Troyens, les précipite dans le fleuve, poursuit Hector autour de la muraille de la ville ennemie, lui porte un coup mortel, outrage son cadavre en le traînant, attaché à son char.

Aristote, certes, ne mentionne pas ce récit légendaire, mais on peut penser qu'il s'y réfère implicitement. En effet, l'amitié achevée des sages est aux antipodes des outrances d'Achille : elle suppose une acceptation de la part dévolue aux hommes, car les dieux, se suffisant à eux-mêmes, n'ont pas besoin d'amis (voir ci-dessous, p. 23) ; elle a, ainsi, la mesure et le juste milieu propres aux vertus ; elle n'est pas une passion, mais un choix délibéré, ou un désir raisonné (voir ci-dessous, p. 16-17).

Empédocle, Héraclite et Aristote

Selon Empédocle (mort en 490 av. J.-C.), le semblable aime le semblable, alors que pour Héraclite d'Éphèse (540-480), les contraires se complètent, se combattent et, en même temps, se réalisent l'un par l'autre : pas de vie sans mort, par exemple. Faut-il dire alors : qui se ressemble s'assemble, ou les contraires s'attirent ?

Aristote écarte ces théories adverses[1]. D'abord, elles font de l'amitié, comme de la haine, une puissance naturelle qui pousse tous les êtres à s'unir, et non une force intérieure à l'âme humaine. Ensuite, elles simplifient le problème. Il y a, en effet, trois espèces d'amitié bien différentes : l'utile, la plaisante, la vertueuse.

La thèse de la complémentarité des contraires va bien à la première : malgré des dissemblances, voire des antagonismes, on est tout prêt à s'entraider du moment qu'on y trouve son intérêt.

L'amitié plaisante, au contraire, est impensable sans une certaine similitude : comment pourrait-on passer d'agréables moments ensemble si l'on n'avait pas les mêmes goûts et les mêmes désirs ? Que deviendrait la soirée si les uns n'aimaient que le rock et les autres que la valse viennoise ? De surcroît, quand le plaisir est partagé

1. *E.N.*, VIII, 1.

par tous, il tend à rapprocher encore les membres du groupe, ce qui n'est pas sans procurer un plaisir supplémentaire[1].

L'amitié vertueuse, enfin, suppose une similitude morale et humaine, qui n'exclut pas des différences psychologiques, des inégalités sociales, des oppositions d'intérêts. Ce qui fait que l'esclave, étant un « instrument animé », « ne peut susciter d'amitié en tant qu'esclave, mais il le peut en tant qu'homme[2] ». Tous les hommes ont, en effet, une même nature : ils sont tous des « animaux politiques », c'est-à-dire des êtres que leurs inclinations spontanées poussent à vivre en communauté, à « se soumettre à une loi commune ».

Platon, lui aussi, croyait à une ressemblance profonde des amis, par-delà les différences superficielles[3]. Mais il ne la définissait pas comme Aristote.

Platon et Aristote

Soit le rapport du pédagogue et de son élève. Ils sont en tous points dissemblables. L'un enseigne, l'autre reçoit l'enseignement. L'un est vieux, l'autre est jeune. L'un sait, et sait d'abord qu'il ne sait rien ; l'autre ignore, mais croit savoir. Il y a pourtant entre eux de l'amitié.

Parce qu'ils sont contraires et que les contraires s'attirent ? Certainement pas. Voit-on le pacifiste s'éprendre du belliciste ? (Platon donne d'autres exemples.)

Parce qu'ils sont semblables alors ? Nous venons de voir qu'il n'en est rien.

Comment résoudre le problème ? En supposant que les différences d'âge, de statut social, de caractère, n'empêchent pas une parenté profonde : celle des deux âmes également attirées par le Bien en soi, le Bien absolu.

Et le premier ami *(protos philos)*, selon Platon, est, pour le jeune élève, et son professeur, ce Bien qu'ils essaient tous deux de contempler.

1. *E.N.*, VIII, 6.
2. *E.N.*, VIII, 11.
3. Platon, *Lysis, Premiers dialogues*, Éd. Garnier-Flammarion.

Là est la différence fondamentale avec Aristote. D'abord, celui-ci refuse l'idée d'un tel Bien. « Mais ce qu'on aime, est-ce le bon en soi, ou ce qui est bon pour nous ? »[1] La réponse ne fait pas de doute : ce qui est bon pour nous. Cela ne signifie pas qu'il y a autant de biens qu'il y a d'individus. En effet, tous les individus ont une même nature : ce sont tous des animaux politiques, que leurs inclinations spontanées poussent à vivre ensemble. Sera bien et bon ce qui permet à cette nature de se réaliser pleinement.

C'est le cas de la véritable amitié : elle rend possible le parfait accomplissement de soi-même, et elle cherche, en même temps, celui de l'ami : « On considère d'abord que l'ami veut faire du bien à son ami de façon désintéressée pour l'avantage de cet ami lui-même. »[2]

Caractères spécifiques de l'amitié

Le terme *philia* en grec désignait tout sentiment d'attachement et d'affection pour les autres. Quelques philosophes, comme Empédocle, faisaient même de la *philia* une puissance naturelle d'attraction universelle. Aussi certains contestent-ils la traduction de *philia* par amitié. Elle ne s'accorde pas avec le sens large du terme.

Mais justement une des originalités d'Aristote est d'avoir proposé un sens restreint et rigoureux, qui se retrouve dans la langue actuelle. Il limite l'amitié à l'homme ; il en montre la nature privée, voire intime ; il en fait un désir maîtrisé très différent de l'emportement amoureux. Par des analyses psychologiques d'une grande finesse, il la différencie d'autres manifestations de l'altruisme et de la sociabilité. Il ne se satisfait pas d'une définition globale, et semble déjà penser comme le philosophe contemporain Gaston Bachelard que « le simple, c'est toujours du simplifié ».

1. *E.N.*, VIII, 2.
2. *E.N.*, IX, 4.

L'amitié utile, l'amitié plaisante, l'amitié vertueuse

Aristote paraît distinguer trois espèces d'attachement amical ayant trois « motifs » ou « conditions » bien dissemblables : « Aimer autrui pour son utilité, c'est n'avoir en vue que son propre intérêt, comme l'aimer à cause du plaisir, c'est ne viser que sa délectation personnelle. »[1]

Tout autre est « l'amitié des hommes vertueux » car ils « s'aimeront pour eux-mêmes »[2] ; ils ne sont pas de simples moyens de profit réciproque ou de plaisir partagé.

La différence est même si essentielle entre cette troisième forme et les deux autres qu'on ne saurait en faire vraiment les trois espèces d'un genre unique (l'amitié) que pour les besoins d'une classification commode. L'amitié des vertueux est dite « parfaite »[2] ; elle seule est une véritable amitié : « Les autres liaisons ne seront traitées d'amitié qu'en raison de leur analogie avec cette forme. »

Mais alors, demandera-t-on, s'il n'y a qu'une seule véritable amitié, pourquoi continuer à appeler le commerce intéressé et la relation agréable des amitiés ? Parce qu'ils ont, sous une forme dégradée, une « espèce de ressemblance » avec la *philia* accomplie. Laquelle ? La «réciprocité des sentiments » et des échanges, qui les rend toutes trois différentes de la simple bienveillance à sens unique (voir ci-dessous, p. 22).

Inversement, quels sont les traits distinctifs de l'amitié vertueuse ? Relevons-les successivement :

1. « L'amitié et une vertu, ou du moins, ne saurait aller sans vertu »[3] : c'est-à-dire qu'elle n'est ni une passion pour l'autre, ni une puissance, une prédisposition spontanée à ressentir des passions (comme par exemple l'irascibilité prédispose à la colère). Car nos passions et nos puissances nous échappent, et ne méritent donc ni l'éloge ni le blâme. La vertu en général, et l'amitié en particulier, sont des dispositions permanentes, acquises par habi-

1. *E.N.*, VIII, 3.
2. *E.N.*, VIII, 4.
3. *E.N.*, VIII, 1.

tude, que leur stabilité oppose à la passion, et des choix volontaires, que leur caractère délibéré distingue des puissances.

2. L'amitié accomplie est ainsi un choix libre, une décision réciproque de vie en commun, alors que les deux autres, l'utile, la plaisante, dépendent de « circonstances accidentelles »[1].

Sa liberté n'est pas, bien entendu, celle de ce libre arbitre dont saint Augustin dira qu'il permet à l'âme de ne pas dépendre des désirs, de ne pas être leur « servante »[2]. Car le choix, pour Aristote, est un désir délibéré des choses qui sont en notre pouvoir[3], un désir raisonné.

3. L'autre est aimé pour lui-même, non pour les avantages qu'il peut, en certaines circonstances, procurer, les services qu'il est susceptible de rendre (amitié utile), non pour les bons moments qu'on peut espérer passer avec lui (amitié plaisante).

Pour lui-même, précisons-le, cela ne veut pas dire pour ce qui le rend singulier, différent, unique, incomparable. Car ce qui le fait digne d'être aimé, c'est la Sagesse accomplie qu'il manifeste, forme idéale commune aux deux amis, ce qui fait que l'ami est un « autre soi-même »[4].

4. Si l'amitié plaisante est surtout celle des jeunes gens, l'amitié intéressée, celle des vieillards, l'amitié véritable est-elle celle de l'âge mûr ? Le juste milieu de la vertu suppose-t-il un âge moyen ?

Non, car l'amitié parfaite, contrairement aux deux autres, ne correspond pas à une tranche de vie précise. Et si les recherches de fréquentations agréables ou de relations utiles sont liées à des périodes déterminées, c'est justement un signe de leur imperfection. Elles dépendent en effet de conditions particulières, extérieures à l'agent moral, et non d'un choix délibéré de celui-ci : tel âge, tel caractère propre aux gens de cet âge (la versatilité des adolescents, leur goût du changement, l'âpreté au gain des vieillards). Il y a donc deux temps : celui, discontinu, des

1. *E.N.*, VIII, 3.
2. Saint Augustin, *Du libre arbitre*, livre I, ch. 11.
3. *E.N.*, III, 4.
4. *E.N.*, IX, 4.

mutations psychologiques, et celui, stable, du choix moral, où « on est toujours d'accord avec soi-même » et où « l'ami souhaite longue vie à son ami »[1].

Platon nous invitait à nous délivrer du caractère évanescent du temps par l'Éternité du Bien absolu (voir ci-dessus, p. 14). Aristote, lui, oppose deux temps ou deux manières d'être dans le temps.

Notons, toutefois, que cette façon d'échapper à la mort dans la vie même peut être menacée. En effet, l'ami cesse parfois d'être ce qu'il était. Le temps des transformations psychiques bouleverse en quelque sorte la tranquillité de la communauté vertueuse. C'est la rupture, à laquelle Aristote consacre un beau texte (IX, 3).

5. L'amitié plaisante est plus proche de l'amitié achevée que l'amitié utile[2].

Pourquoi ? D'une part, parce qu'elle réunit aussi des semblables. D'autre part, parce que sa recherche du plaisir ne contredit pas la recherche, par les vertueux, du bonheur.

Aristote fait du bonheur la fin suprême, le souverain Bien. L'objet de l'*Éthique*, ou science de la morale, est d'abord de définir cette fin (livres I et X), de déterminer ensuite les moyens d'y parvenir (les vertus analysées du livre II au livre IX, la vie contemplative caractérisée au livre X).

Mais le plaisir n'est pas d'un autre ordre que le bonheur et il faut cesser d'opposer l'hédonisme (le bien, c'est le plaisir) et l'eudémonisme (le bien, c'est le bonheur). Aristote nous y invite. D'abord, il fait aux « biens extérieurs » une large place parmi les conditions du bonheur. Ensuite, il conçoit le plaisir comme ce qui « porte à sa perfection l'activité ». Ce qui fait le bonheur n'est qu'un plaisir plus stable et plus total : il suppose la réalisation accomplie de ce qu'il y a de meilleur en nous, et pas seulement « la réalisation finale et parfaite d'une de nos aptitudes et fonctions particulières ».

1. *E.N.*, IX, 4.
2. *E.N.*, VIII, 6.

Si le bonheur est, pour le sage, délectation de sa propre existence, cette « existence désirable en soi »[1], n'est-il pas foncièrement égoïste ? Mais, s'il culmine dans l'amitié, ne fait-il pas éclater l'opposition de l'égoïsme et de l'altruisme ?

Amitié pour soi-même et amitié pour l'autre[1]

Les deux chapitres du livre IX qui abordent le problème distinguent trois types d'hommes : le méchant qui, ne s'accordant pas avec lui-même, ne peut s'accorder avec l'autre (égoïsme impossible), l'intéressé qui, poursuivant son propre avantage, ne peut aimer vraiment l'autre (égoïsme vulgaire), le vertueux qui aime en soi ce qu'il aime aussi en l'autre (égoïsme moral).

1. Le méchant ou l'amour de soi impossible

Le bonheur est accord, « accord de l'homme et de l'existence qu'il mène », selon l'expression de Camus. Accord de l'Homme et du Monde, disaient les sages stoïciens : amour du destin. Mais d'abord accord avec soi-même : le méchant en est incapable puisqu'il est, pour Aristote, un être divisé, déchiré, écartelé.

Sur ce point encore, Aristote s'oppose à Platon. Pour celui-ci, le méchant ne savait pas ce qu'il voulait ou croyait vouloir. Il ne faisait le mal que par ignorance du Bien. S'il avait connu celui-ci, il se serait senti attiré, irrésistiblement. Nul n'est méchant volontairement, c'est-à-dire en connaissance de cause. Nul ne peut être considéré comme vraiment responsable, nul ne peut s'estimer coupable, nul ne devrait avoir de remords, de sentiment intime de faute.

Une telle doctrine ne peut expliquer ce que l'observation psychologique fait voir à l'évidence : les tiraillements de l'âme du méchant, ses sentiments de culpabilité, ses regrets. Pour en rendre compte, il faut supposer au contraire que le méchant savait où se trouve la direction du bien, mais ne pouvait s'empêcher d'aller en sens inverse.

1. *E.N.*, IX, 4 et 8.

Cette division intérieure n'est possible que parce que l'âme a deux parties qui ne s'accordent pas nécessairement, et, même, bien souvent s'opposent : une partie rationnelle et une partie irrationnelle, siège des désirs, des appétits sensuels.

Pour être plus précis, il faut distinguer trois types de méchants. L'intempérant a compris quelles fins méritent d'être visées, mais s'en écarte, sous l'influence de ses inclinations. Le pervers[1] ou vicieux ignore les vraies valeurs, comme le méchant selon Platon, mais, se sentant devenir de plus en plus détestable aux autres hommes, s'aperçoit alors qu'il n'a pas choisi la bonne voie. Aussi finit-il par « prendre sa "propre cruauté en horreur" et se donner la mort »[2]. L'indolent connaît le bien, mais n'a pas, par faiblesse, paresse, la force, le courage de le réaliser.

Dans les trois cas, la partie irrationnelle de l'âme contredit la partie rationnelle, le méchant est écartelé, et malheureux, comme les héros du dramaturge Euripide (480-406), « le plus tragique des poètes »[3] : « Nous avons la notion et le discernement de l'honnête, dit, par exemple, Hippolyte, mais nous ne le mettons pas en pratique, les uns par paresse, les autres pour préférer au bien un plaisir qui s'en éloigne. »[4] Moins douloureuse, certes, fut la division intérieure du poète Baudelaire : il voulut le Mal, il « choisit », selon Sartre, « d'avoir infiniment tort »[5], pour affirmer sa révolte contre les défenseurs des « valeurs établies ». Les méchants d'Euripide et d'Aristote ressemblent plus aux malades angoissés de Freud qui, rejetant avec horreur une part d'eux-mêmes - l'ensemble des désirs refoulés -, voient les rapports avec les autres se perturber, se découvrent « incapables de jouir et d'agir »[6], de travailler et d'aimer.

En tout cas Aristote a mis en lumière, avec profondeur, la corrélation de l'accord avec soi-même et de l'accord avec les autres, de la *philautia* (amitié pour soi) et de la

1. Voir à ce sujet, P. Vignoles, *la Perversité*, Hatier.
2. *E.N.*, IX, 4
3. Aristote, *Poétique*, 1453 a.
4. Euripide, *Hippolyte*, 380.
5. J.-P. Sartre, *Baudelaire*, Éd. Gallimard, coll. Idées.
6. S. Freud, *Introduction à la psychanalyse*, Éd. Payot, p. 431.

philia, donc de l'égoïsme et de l'altruisme. Mais l'égoïsme peut revêtir deux formes contraires.

2. L'intéressé ou l'amour de soi vulgaire

L'intéressé sacrifie la raison aux besoins corporels. Est bon, pour lui, ce qui rapporte. Il ne connaît pas, certes, les drames intérieurs du méchant.

Pourtant il ne s'entend pas avec les autres, ou n'est en paix avec eux que de manière fugace et provisoire, le temps d'une « amitié utile »[1] ou d'« actions méprisables » faites « en commun »[2]. Pourquoi l'amour de soi ne permet-il pas dans ce cas une entente avec l'autre ? Parce qu'il porte sur « la partie de l'âme qui est dépourvue de raison »[3], et non sur « la partie la plus importante », « la partie principale », ce qui fait qu'il n'est pas un véritable amour de soi : « Celui-là est surtout ami de lui-même qui aime par-dessus tout cette partie essentielle », la pensée rationnelle dotée de l'autorité suprême, considérée « comme étant l'individu lui-même ».[3]

3. Le vertueux ou l'authentique amitié pour soi-même

Le « soi-même » que l'homme de bien aime, il le partage avec l'autre : c'est la Raison qui leur est commune, et qui ne parvient à son plein exercice que s'ils la cultivent ensemble. Aussi l'égoïsme est-il en même temps altruisme ici, comme l'amour de soi pour Rousseau, à l'opposé du vaniteux amour-propre, est immédiatement amour de l'humanité. La raison est « l'individu lui-même »[3].

L'objet de son attachement pour l'autre (la Pensée) place donc le sage au-delà de l'opposition altruisme-égoïsme ; les raisons de son attachement aussi.

Le sage est l'homme « parfaitement heureux ». Il recherche des amis pour les associer à ce bonheur, et pour rendre ainsi celui-ci plus durable, plus continu, et surtout plus conscient de lui-même[4]. Contrairement à ce qu'on écrit parfois, on n'a pas attendu la philosophie moderne

1. *E.N.*, VIII, 4.
2. *E.N.*, IX, 12.
3. *E.N.*, IX, 8.
4. *E.N.*, IX, 9.

(Hegel, Sartre) pour montrer que l'autre intervient nécessairement dans la conscience de soi.

Notons que ce progrès de la conscience par l'amitié est propre à l'homme. En effet, d'une part, Dieu n'a pas besoin d'amis parce qu'il possède la conscience parfaite de tout ; d'autre part, les animaux savent « seulement paître en même temps dans le même lieu »[1].

Ni Dieu ni bête : les amis s'accomplissent comme hommes. Mais pourquoi leur faut-il la vie intime, close, de la petite communauté ou du couple d'amis ? Une bienveillance universelle, une concorde politique, ne donneraient-elles pas mieux à cet accomplissement sa véritable dimension ?

Amitié, bienveillance, concorde

La bienveillance consiste à se sentir disposé à faire du bien aux autres hommes. Mais, justement, elle reste une pure inclination mentale qui ne passe pas aux actes. C'est même pour cela qu'elle peut s'étendre à tous : « Beaucoup de gens en effet ont de la sympathie pour des personnes qu'ils n'ont jamais vues. »[2] Aussi ne cherche-t-elle pas à être payée de retour : « Seule la bienveillance réciproque est amitié. »[3]

La concorde est une « amitié civile ou politique », propice certes à l'amitié, engendrant comme celle-ci des actions en commun, car elle ne se réduit pas à une simple identité de vues ou de sentiments sur les problèmes du groupe.

Mais elle est à ranger parmi les amitiés utiles, même si l'union des cités qu'elle rend possible relève plus de l'intérêt général que des intérêts particuliers[4].

La bienveillance et la concorde ignorent également la vie d'intimité qui semble le caractère propre de la véritable amitié, incluse dans sa définition même, permettant

1. *E.N.*, VIII, 2.
2. *E.N.*, IX, 2.
3. *E.N.*, IX, 6, en entier, et VIII, 2.
4. *E.N.*, IX, 6.

seule l'entente véritable : « Comme on désire sa propre existence, on désire celle d'un ami. Or la conscience de l'existence s'actualise vraiment grâce à la vie commune. »[1]

Peut-on ainsi vivre ensemble si l'on n'est pas socialement égal ? Une « continuelle fréquentation »[2] est-elle concevable entre inégaux ?

Amitiés entre égaux et amitiés entre inégaux

Aristote introduit l'idée d'une amitié entre inégaux[3] comme si elle constituait une quatrième espèce, à ajouter aux trois espèces qu'il a d'abord analysées (la plaisante, l'utile, la vertueuse). Mais on voit que chacune des trois peut être entre égaux ou inégaux.

L'idéal de l'amitié est qu'on se rende une égale quantité d'affection, de plaisir, de service. Si l'une des personnes est supérieure à l'autre (un père et ses enfants, un chef et ses subordonnés), il faudra proportionner l'affection à cette hiérarchie, établir ainsi une sorte d'égalité proportionnelle : « La règle est que l'attachement doit être proportionné aux avantages reçus[2]. » Cette recherche d'une égalité proportionnelle est commune à l'amitié entre inégaux et à la justice : c'est ainsi que dans la justice restitutive on essaie de proportionner la compensation au dommage.

Toutefois, « un intervalle trop important, comme celui existant entre l'homme et Dieu, rend l'amitié impossible »[2]. La religion populaire et la religion des poètes admettaient des rapports d'affection entre les hommes et les dieux. Mais le Dieu d'Aristote est d'un autre ordre : pas seulement parce que Dieu est « l'intelligence suprême qui se pense elle-même »[3], indifférente aux hommes, mais surtout parce qu'un homme ne saurait être le semblable d'un Dieu, et que seul un semblable peut devenir

1. *E.N.*, IX, 12.
2. *E.N.*, VIII, 7, en entier.
3. *Mét.*, L, 9.

un ami. Au contraire, la découverte d'une similitude fondamentale peut faire de l'esclave un ami de son maître. « Il ne peut susciter d'amitié en tant qu'esclave, mais il le peut en tant qu'homme. »[1] Ainsi parfois l'amitié ne se soucie pas de réciprocité (bienveillance). Parfois elle n'est pas un choix délibéré (amitié naturelle des parents, amitié amoureuse). Parfois elle rapproche plus des contraires qui se complètent (amitiés utiles), que des êtres attirés par leur similitude. Parfois elle ne s'appuie pas sur une égalité, mais sur la compensation ou l'oubli d'une inégalité (rapports parents-enfants, bienfaiteurs-obligés, maîtres-esclaves). Parfois elle est plus une inclination à faire le bien (inclination présente dans la « belle âme » du bienveillant) qu'un dévouement actif.

Seule l'amitié parfaite des sages réunit tous ces caractères, et elle en ajoute un autre, qui lui est propre, et qui est le caractère spécifique de la véritable amitié : la vie en intimité avec l'autre.

Conclusion

Aristote posait comme condition à l'amitié la similitude des affections, du caractère, et même l'identité du vouloir qui rapproche les vertueux. Nous prônons au contraire la différence : l'affirmation des différences, le « droit à la différence », le respect des différences. C'est que nous avons peur d'un monde qui les écrase.

La similitude a pris, depuis longtemps, dans les récits littéraires, la forme du double. Ainsi Achille voyait se dresser devant lui le fantôme, l'ombre, l'âme de son ami Patrocle, mais il ne parvenait pas à l'étreindre, car, lorsqu'il essayait, l'apparition devenait une fumée, s'enfuyait sous terre avec un petit cri.

1. *E.N.*, VIII, 11.

Puis les doubles sont devenus, dans les contes et les légendes, inquiétants, terrifiants même parfois. Ils mènent la vie du héros, courent en même temps leurs propres aventures. Ils divisent, aliènent.

Or, quand les doubles ont cessé d'être des amis, les amis n'ont plus été pensés comme des doubles. Pour Emmanuel Lévinas[1], l'expérience de l'altérité infinie de l'autre, de sa différence irréductible, me révèle ce qu'il a d'absolument respectable.

Mais si autrui est « infiniment autre », et, en ce sens, « ressemble à Dieu », ne risque-t-il pas de devenir tout à fait inconnaissable ? A moins que la connaissance d'autrui n'ait elle aussi ses mystiques. Inversement, si l'autre est un autre moi-même, comme dans l'amitié des sages aristotéliciens, ne serons-nous pas tentés par une sorte de narcissisme à deux, chacun contemplant en l'autre, avec délectation, sa propre image ? Ou bien donc l'autre, ressemblant à Dieu, est trop différent, ou bien, reflet de moi-même, il est trop proche pour être connu. Ce n'est pas le moindre mérite d'Aristote : il a su *poser le problème* sur lequel la philosophie la plus actuelle médite encore[2].

1. E. Lévinas, *Totalité et Infini, Essai sur l'extériorité*, La Haye, Éd. Martinus Nijhoff, 1968.
2. Lire à ce sujet : Vincent Descombes, *le Même et l'Autre*, Éd. de Minuit, 1979.

ÉTHIQUE À NICOMAQUE

Nouvelle traduction : F. Stirn

Livre VIII

Raisons de l'étude. Problèmes posés

1. L'amitié est une vertu, ou, du moins, ne saurait aller sans vertu. Il n'est rien qui soit plus nécessaire à la vie : il n'est personne qui consentît à vivre privé d'amis, dût-il posséder tous les autres biens. Les riches ou ceux qui détiennent l'autorité et, même, le pouvoir suprême, ont, plus que quiconque, besoin d'amis : à quoi servirait leur prospérité, si ne s'y joignait la bienfaisance, qui s'exerce ou se pratique principalement à l'égard des amis et mérite alors les plus justes éloges ? Comment, de surcroît, entretenir et conserver ses biens, si l'on est privé d'amis ? Plus la fortune est élevée, moins on peut en jouir avec sécurité.

D'un autre côté, dans la pauvreté comme dans n'importe quelle autre infortune, de l'avis général, il n'est pas de meilleur refuge que l'amitié. Aux jeunes gens, elle permet d'éviter les fautes qu'engendre l'inexpérience. Aux vieillards, elle offre son secours pour l'accomplissement de desseins que les infirmités de l'âge rendent irréalisables. A ceux, enfin, qui sont dans la force de l'âge, elle inspire de belles conduites.

Quand deux êtres marchent unis, pour parler comme Homère, ils font preuve de plus de puissance dans la pensée et dans l'action.

De plus, la nature a mis la tendresse pour ses enfants dans le cœur du père, comme l'affection pour le père dans le cœur des enfants. On observe ces formes d'amitié d'abord chez les hommes, mais aussi chez les oiseaux, chez tous les êtres vivants. De même, la nature a voulu la sympathie mutuelle que se témoignent tous les individus de la même espèce, à commencer par les hommes. Ceci permet de comprendre les éloges décernés à ceux qu'on appelle « philanthropes ». Quiconque a voyagé a pu observer à quel point l'homme est un ami de l'homme, combien la société de ses semblables lui convient et le charme.

Enfin, l'amitié semble être le lien qui unit les cités, et les législateurs paraissent lui accorder encore plus de prix qu'à la justice. Ils cherchent en effet à maintenir la concorde et à bannir, à l'inverse, la discorde, comme s'ils voyaient en celle-ci le fléau le plus redoutable des communautés politiques : or la concorde est un sentiment voisin de l'amitié. D'ailleurs, supposez les citoyens unis par l'amitié : ils n'auraient plus besoin de la justice. Supposez-les au contraire justes : ils auraient encore besoin de l'amitié. En effet, seule la plus haute forme de justice paraît être de la nature de l'amitié.

L'amitié n'est pas seulement nécessaire ; elle est aussi belle et noble : nous louons ceux qui sont épris d'amitié. Nous considérons qu'un grand nombre d'amis est le meilleur avantage. Certains même ne font aucune différence entre l'excellence morale et l'amitié.

L'amitié soulève, cependant, bien des controverses. Les uns la font consister dans une sorte de ressemblance et soutiennent que se ressembler, c'est s'aimer. D'où les proverbes : *le semblable cherche son semblable, le geai vole auprès du geai*. D'autres, par contre, prétendent que ceux qui se ressemblent ainsi sont, les uns à l'égard des autres, *comme de véritables potiers*[1]. Certains cherchent une explication plus relevée, tirée du spectacle de la Nature. Euripide, par exemple, dit que « *la terre, lorsqu'elle est desséchée, est éprise de la pluie et que le ciel majestueux, quand il est chargé de pluie, brûle du désir de se précipiter au sein de la terre* ». Pour Héraclite, *l'opposition est utile, la plus belle harmonie résulte de dissonances, tout naît de la discorde.* Quelques penseurs, à l'inverse, et notamment Empédocle, affirment que *le semblable tend à s'unir au semblable*.

Laissons de côté toutes les questions qui portent sur la nature extérieure. Tenons-nous en aux interrogations sur la nature de l'homme, sur les mœurs et les passions.

1. C'est-à-dire qu'ils se jalousent (allusion à un vers d'Hésiode). *NdE*

Demandons-nous, par exemple, si l'amitié se rencontre chez tous les hommes ou si les méchants en sont incapables, s'il n'y a qu'une espèce d'amitié ou s'il y en a plusieurs. Certains philosophes défendent la thèse de l'espèce unique comportant des différences de degré en plus et en moins. Pourtant, les variations de degré ne sont pas incompatibles avec les différences spécifiques. Nous l'avons établi plus haut.

Les différentes espèces d'amitié

L'amitié est bienveillance active et réciproque

2. On résoudrait vite la question en déterminant préalablement ce qui donne naissance à l'amitié. On n'aime pas n'importe quoi en effet, semble-t-il, mais seulement ce qu'on estime aimable, c'est-à-dire soit bon, soit agréable, soit utile. N'est considéré, d'ailleurs, comme utile que ce qui procure quelque bien ou quelque plaisir. Conséquence : le bien et le plaisir sont les seules fins que l'on juge dignes d'être aimées.

Mais ce qu'on aime, est-ce le bon en soi, ou ce qui est bon pour nous ? C'est que les deux ne s'accordent pas toujours. La même remarque vaudrait d'ailleurs pour l'agréable. Il semble que, même si le bon est aimable dans l'absolu, chacun n'aime que ce qui est bon pour lui. Plus précisément : ce qui lui paraît tel. Ce n'est pas, du reste, la question ici. Admettons cette définition : est aimable ce qui paraît tel.

Il y a donc trois raisons de l'amitié. Et nous n'emploierons jamais ce mot pour désigner le goût que nous avons pour certaines choses inanimées : celles-ci ne nous aiment pas en retour et nous ne formons point de vœux à leur endroit. Par exemple, il serait ridicule de souhaiter du bien au vin. A moins qu'on espère qu'il se conserve, avec l'idée de le consommer un jour. Au contraire, il est admis qu'il faut vouloir du bien à un ami uniquement pour lui-même. Vouloir ainsi du bien, c'est être bienveillant. Mais seule la bienveillance réciproque est amitié. A condition, ajoutons-le, de ne pas rester secrète. Beaucoup de gens, en effet, ont de la sympathie pour des personnes qu'ils n'ont jamais vues, mais qu'ils supposent dignes d'estime ou susceptibles de se montrer utiles, et il peut arriver qu'une de ces personnes soit dans les mêmes dispositions à leur égard : dans ce cas, on parlera de bienveillance mutuelle, mais comment pourrait-on appeler amitié un sentiment ainsi caché de part et d'autre ? Pour résumer, les conditions de l'amitié sont la bienveillance partagée, fondée sur une des trois qualités dont nous avons parlé, jointe à la connaissance du bien qu'on se veut réciproquement.

L'amitié utile, l'amitié plaisante, l'amitié vertueuse

3. Trois objets qui diffèrent en espèce ; et, par suite, trois espèces d'amitiés et d'attachements. Autant d'amitiés que de qualités aimables. Dans chacune, la réciprocité des sentiments et la manifestation active de cette réciprocité. Et les trois ne diffèrent que par la fin visée. Ainsi ceux qui ont de l'affection l'un pour l'autre en raison du profit qu'ils pensent en tirer ne s'aiment pas pour eux-mêmes, mais à cause de l'avantage espéré. De même pour ceux dont l'amitié est inspirée par le plaisir. Ainsi ne chérissent-ils pas les hommes d'esprit pour ce que ceux-ci sont en eux-mêmes, mais en fonction de l'agrément qu'ils procurent. Ainsi encore, aimer autrui pour son utilité, c'est n'avoir en vue que son propre intérêt, comme l'aimer à cause du plaisir, c'est ne viser que sa délectation personnelle. Dans les deux cas, ce n'est pas l'ami lui-même qui compte ; c'est ce qu'il est en mesure de procurer, quant à l'agrément ou aux avantages escomptés. Dès lors, l'amitié ne naît que de circonstances accidentelles, et non des qualités essentielles de l'individu aimé. On n'aime pas l'autre pour ce qu'il est, mais pour ce qu'il apporte. L'amitié ainsi fondée s'avère fragile : il suffit que l'ami ne reste pas le même, qu'il cesse d'être ce qu'il était, pour qu'il cesse aussi d'être un ami. La cause de l'amitié disparaissant, l'amitié elle-même s'évanouit : elle n'avait pas d'autre raison d'être.

L'amitié intéressée se rencontre surtout chez les vieillards. A leur âge, on recherche moins l'agrément que le profit. Mais il arrive aussi que des hommes d'âge mûr et des jeunes gens ne soient soucieux que de leur avantage personnel. C'est leur caractère : ils ne ressentent aucun plaisir à vivre ensemble, à se fréquenter. Ils n'éprouvent le besoin d'entrer en relation les uns avec les autres que s'ils nourrissent l'espoir d'en tirer un gain. L'amitié pour les hôtes est de même espèce.

Quant à l'amitié entre jeunes gens, elle semble inspirée par le plaisir : ils vivent sous l'empire des passions ; ils cherchent d'abord leur propre délectation et la délectation du moment. De là vient leur promptitude à nouer et rompre leurs amitiés. Les objets attrayants changent, les amitiés changent d'objet, les plaisirs ne restent pas les mêmes. Ajoutons qu'à cet âge on est aussi très enclin à l'amour : l'émotion amoureuse est d'ordre passionnel, et la quête du plaisir l'oriente. Aussi la voit-on naître et finir très promptement, varier parfois au cours de la même journée. Ce qui n'empêche pas les jeunes gens de désirer aussi passer leur temps et leur existence avec ceux qu'ils préfèrent. C'est leur façon de vivre l'amitié.

La parfaite amitié est celle des hommes bons et semblables en vertu. Chacun veut du bien à l'autre pour ce qu'il est, pour sa bonté essentielle. Ce sont les amis par excellence, eux que ne rapprochent pas des circonstances accidentelles, mais leur nature profonde. Leur amitié dure tout le temps qu'ils restent vertueux, et le propre de la vertu en général est d'être durable. Ajoutons que chacun d'eux est bon dans l'absolu et relativement à son ami, bon dans l'absolu et utile à son ami, bon dans l'absolu et agréable à son ami. Chacun a du plaisir à se voir soi-même agir, comme à contempler l'autre, puisque l'autre est identique ou, du moins, semblable à soi.

Leur attachement ne peut manquer d'être durable : il réunit, en effet, toutes les conditions de l'amitié. Toute amitié a pour fin le bien ou le plaisir, envisagés soit absolument, soit relativement à la personne aimée, et supposant alors une ressemblance avec elle, une similitude de nature, une parenté essentielle. De surcroît, ce qui est bon absolument est aussi agréable. L'amitié atteint au plus haut degré d'excellence et de perfection chez les vertueux.

Mais elle est fort rare : les personnes qui en sont capables sont fort peu nombreuses. D'autant qu'elle demande du temps et des habitudes communes. En effet, on ne peut se connaître les uns les autres si l'on n'a pas au préalable *consommé ensemble*, comme dit le proverbe, *plus d'un boisseau de sel*. Avant de s'accepter, avant de se lier, il importe que chacun se soit assuré des qualités qui se trouvent dans l'autre, et qu'elles aient pu lui inspirer confiance. Ceux qui se donnent avec empressement des marques d'affection veulent bien être amis, mais ne le sont pas encore vraiment. Le désir de l'amitié naît vite, non l'amitié elle-même. Celle-ci exige, pour atteindre sa perfection, de la durée, un ensemble de conditions, les mêmes qualités de part et d'autre, et d'abord la reconnaissance réciproque.

4. L'amitié fondée sur l'agrément a quelque ressemblance avec l'amitié vertueuse : les hommes bons sont agréables les uns aux autres. L'amitié fondée sur l'intérêt aussi : les vertueux sont utiles les uns aux autres. Le maximum de durée est atteint lorsque des deux côtés on trouve du plaisir, et, surtout, un plaisir de même sorte. Un exemple : des hommes d'esprit qui se fréquentent. A l'opposé, l'amant et l'aimé ne sont jamais séduits par les mêmes choses : l'amant est charmé par la vue de l'être chéri, quand celui-ci s'enchante d'être l'objet des prévenances de l'amant. Et, la fleur de la jeunesse se fanant, il arrive aussi que l'amour s'évanouisse : la vue de l'aimé ne captive plus l'amant, et celui-ci ne se montre plus aussi empressé. Et pourtant, la liaison souvent se prolonge : l'habitude, ayant produit entre les amoureux une certaine conformité de mœurs et de goûts, devient la source d'un attachement tendre et durable. L'amour est moins solide et moins vif s'il est motivé par la recherche du profit personnel et non par celle de la jouissance partagée. De même, l'amitié intéressée disparaît aussi vite que le gain escompté : les amis ne s'y aiment pas vraiment, ils n'apprécient que ce qui leur est avantageux.

Il en résulte que le plaisir et l'intérêt peuvent accorder entre eux, par une sorte d'amitié, deux hommes vils, ou un homme vil et un homme bon, ou enfin un homme ni bon ni mauvais avec tel autre sans caractère bien déterminé. Mais seuls les vertueux s'unissent en raison de leur valeur personnelle ; les méchants n'éprouvent aucun plaisir à vivre ensemble : ils ne tiennent compte que de ce qui est utile.

Aussi n'y a-t-il que l'amitié des hommes bons qui soit à l'abri de la calomnie : il leur est impossible de donner foi aux ragots concernant un ami depuis longtemps mis à l'épreuve. C'est surtout chez eux qu'on rencontre la confiance, l'incapacité de se faire du tort, et les conditions de la véritable amitié que rien ne protège, hors la vertu, des torts causés par l'autre.

Et pourtant on donne aussi le nom d'amis à ceux que l'intérêt seul unit, aux cités dont l'utilité réciproque fonde, à ce qu'on dit, les alliances, aux enfants dont l'affection repose sur le plaisir partagé. Peut-être devons-nous consentir à cette appellation, admettre qu'il existe plusieurs espèces d'amitié, mais à condition de préciser que seule l'amitié des vertueux est vraie et que les autres liaisons ne sont traitées d'amitié qu'en raison de leur analogie avec cette forme première : visant quelque plaisir, elles ont aussi en vue un bien, puisque même le plaisir est un bien pour celui qui le cherche. Il faut ajouter que les formes inférieures d'amitié sont loin de coïncider entre elles, qu'on ne se lie pas à la fois par intérêt et par plaisir (trop dépendants de circonstances fortuites pour se conjuguer souvent). Résumons : les hommes sans grande valeur morale contractent amitié par plaisir ou par intérêt ; les gens de bien, à l'inverse, s'aiment pour leurs qualités personnelles ; ceux-ci sont donc amis au sens rigoureux du terme ; ceux-là ne le sont que par accident et par analogie avec les vertueux.

Conditions de la véritable amitié

5. Nous avons distingué, en traitant des vertus en général, la disposition à agir et l'activité. La même distinction vaut pour l'amitié : les uns se plaisent à vivre en intimité, à se rendre service ; d'autres, qu'on dirait endormis, ou qui habitent en des lieux séparés, n'agissent pas, mais sont disposés à le faire. Certes les distances ne détruisent pas l'affection ; elles en suspendent seulement les manifestations. Mais, si l'absence se prolonge, elle peut entraîner l'oubli. Comme le dit le proverbe : « Le silence souvent met fin à l'amitié. »

Par ailleurs, ni les vieillards, ni les gens moroses ne semblent enclins à l'amitié. Ils accordent peu de prix au plaisir et personne n'aime passer son temps avec un être chagrin et désagréable. Le penchant naturel est de fuir ce qui afflige et de rechercher ce qui réjouit. Quant à ceux qui se font bonne figure, mais ne vivent pas ensemble, ils témoignent plutôt de bienveillance que d'amitié. Rien ne caractérise mieux l'amitié que la vie en commun : ceux qui sont dans l'indigence ont besoin d'aide, et ceux qui sont riches aiment se sentir entourés, car la solitude leur pèse tout particulièrement. Mais la vie commune est impossible si l'on n'y trouve pas quelque agrément, et si l'on n'a pas les mêmes goûts. Les relations de camaraderie le font assez voir.

C'est donc surtout entre les gens vertueux qu'existe l'amitié, comme on l'a dit bien souvent. Ce qui est bon et plaisant dans l'absolu mérite d'être aimé ; ce qui est bon et plaisant pour une personne mérite d'être apprécié par elle. Pour ces deux raisons à la fois, les vertueux se trouvent réciproquement aimables.

Remarquons-le : ce qu'on appelle une simple attirance semble une émotion fugitive, et non, comme l'amitié, une disposition durable. On peut se sentir attiré par des choses inanimées : on est loin alors de l'amitié, qui suppose la réciprocité, un choix délibéré, une disposition ferme. On ne veut pas rendre service à un ami à cause d'une affection passagère. D'ailleurs, aimer son ami, c'est aimer ce qui est bon pour soi-même. Chacun, alors, trouve en l'autre son bien propre. Chacun, de ce point de vue, rend la pareille à l'autre, rend ce qu'il reçoit en dévouement et en plaisir. On le dit : *l'amitié est une égalité*. En tout cas, l'amitié des vertueux.

Comparaison des diverses sortes d'amitié

6. Chez les vieillards et les gens d'un caractère sombre l'amitié est rare : leur humeur chagrine les empêche de goûter tous les charmes de la vie en commun. C'est l'inverse pour les jeunes gens. Ils se lient promptement. On ne se fréquente pas si on n'en tire aucun plaisir. Quand on est d'un tempérament bilieux, on peut éprouver une certaine bienveillance pour quelque autre (lui vouloir du bien, être tout prêt à l'aider), mais on n'est pas disposé à partager son existence.

Pas plus qu'on ne peut être amoureux de plusieurs personnes à la fois, on ne peut avoir beaucoup de vrais amis. L'amour a quelque chose d'excessif ; il s'adresse naturellement à un être unique. Il est difficile, en tout cas, de s'éprendre fortement de beaucoup de gens en même temps. Comme il est difficile que beaucoup de gens soient vertueux, très difficile de bien connaître son ami. Les amitiés plaisantes ou intéressées ne connaissent pas ces limitations et ces obstacles.

De ces deux formes d'amitié, la première est celle qui ressemble le plus à l'amitié parfaite. Les satisfactions sont partagées, la joie est commune, les goûts sont identiques. Les jeunes gens sont portés ainsi que les gens comblés de biens à préférer l'agréable à l'utile. (C'est l'inverse, évidemment, pour les plus démunis.) Quant au bien, ils consentent à le chercher, mais à condition que cela ne leur demande pas d'effort, que cette recherche ne soit ni trop longue, ni trop pénible. Si leurs amis étaient aussi bons qu'ils sont plaisants, ils connaîtraient l'amitié accomplie.

Les hommes au pouvoir ont, eux, ordinairement deux sortes d'amis : les uns leur rendent des services, les autres leurs procurent de l'agrément. Il n'est pas fréquent qu'une même personne fasse les deux. Il n'est pas fréquent non plus que les grands cherchent des amis à la fois plaisants et vertueux, ou des amis utiles à la réalisation de nobles entreprises. Ils s'entichent plutôt, lorsqu'ils ont envie de s'amuser, d'hommes d'esprit, et mesurent l'efficacité au talent pour exécuter les ordres. Nous l'avons déjà dit : le vertueux, seul, est à la fois plaisant et utile. Et il ne peut devenir l'ami d'un dirigeant que si celui-ci lui reconnaît la supériorité de la vertu. Sinon l'infériorité sociale de l'homme de bien n'est pas compensée par sa suprématie morale, et il n'y a pas d'égalité proportionnelle. Le cas, de toute façon, se présente rarement.

Pour conclure, les différentes amitiés dont nous venons de parler impliquent l'égalité. On retire des avantages équivalents des deux côtés ; on se souhaite de part et d'autre les mêmes biens. Certes, il peut arriver qu'on échange une chose pour une autre, par exemple plaisir contre profit. Mais un tel échange caractérise une amitié d'ordre inférieur, et peu solide. Redisons-le : l'amitié intéressée et l'amitié plaisante ressemblent par certains traits à l'amitié vraie, en diffèrent par d'autres. On est donc autorisé à dire qu'elles sont des amitiés, comme à dire le contraire. La recherche de l'utile et de l'agréable se retrouve dans l'amitié vertueuse. Mais celle-ci se distingue par plusieurs caractères propres, et, d'abord, par celui-ci : elle résiste à la calomnie, et demeure stable.

Les amitiés entre inégaux

7. Il y a une autre espèce d'amitié : celle qui s'observe entre supérieur et inférieur, par exemple l'affection d'un père pour son fils, et, de façon générale, d'un homme plus âgé pour une personne plus jeune ; d'un mari pour sa femme, d'un homme revêtu d'une autorité pour ceux qui sont soumis à cette autorité. Ces amitiés diffèrent aussi entre elles : la tendresse des parents pour leurs enfants n'est pas identique aux sentiments d'un chef pour ses subordonnés. Ce qu'éprouve le père pour le fils n'est pas ce qu'éprouve le fils pour le père. Le mari n'est pas à la femme ce que la femme est au mari. Différentes sont les vertus et les fonctions de ces personnes, différentes sont les raisons d'aimer, différentes sont les amitiés, différents sont les avantages escomptés de part et d'autre, et différentes les obligations réciproques.

Néanmoins, l'amitié sera stable et équitable lorsque chaque partie rendra à l'autre ce qu'elle lui doit : les enfants, par exemple, ce qu'ils doivent aux auteurs de leurs jours ; les parents, ce qu'ils doivent à leur progéniture. La règle est que l'attachement doit être proportionné aux avantages reçus. Ainsi, il faut que le meilleur soit aimé plus qu'il n'aime. Il en va de même pour le plus utile ou le plus plaisant. Car, lorsque l'attachement est fonction du mérite, s'établit une égalité proportionnelle, ce qui est la condition de l'amitié.

Précisons qu'il y a une différence, sur ce point, entre justice et amitié. La justice exige que l'on tienne compte d'abord des inégalités de mérite et qu'on distribue, en proportion, certaines quantités. L'amitié, elle, suppose d'abord une égalité dans les quantités d'avantages reçus.

Les considérations de mérite viennent après. Ce que nous disons là apparaît clairement lorsqu'une trop grande disparité, sur le plan de la vertu ou du vice, ou sur le plan des ressources matérielles, ou sur quelque autre plan, rend impossible l'amitié, en enlève même l'idée. L'exemple le plus frappant est celui des dieux dont la supériorité en biens de toute sorte, par rapport aux mortels, est manifeste. Un autre exemple : celui des rois. Les sujets qui sont très au-dessous d'eux ne peuvent espérer compter parmi leurs amis. De même, les hommes dépourvus de tout mérite ne peuvent briguer l'affection de ceux qui brillent par l'excellence ou la sagesse.

Il n'est d'ailleurs pas facile de déterminer avec précision la limite au-delà de laquelle l'amitié ne peut plus exister. L'amitié subsiste parfois lorsque certaines de ses conditions ont disparu. Toutefois, un intervalle trop important, comme celui existant entre l'homme et Dieu, la rend impossible.

D'où la question : doit-on souhaiter à ses amis les plus grands biens, comme de devenir des dieux ? Alors, ils ne seraient plus des amis, ni par suite des biens, puisque les amis sont des biens véritables. Nous avons eu raison, certes, de le dire : pas d'ami qui n'espère les plus grands avantages pour son ami. Encore faut-il que ceux-ci, si l'on veut que l'ami demeure ce qu'il est, soient compatibles avec sa nature d'homme. De toute façon, c'est surtout à soi-même que l'on souhaite les plus grands biens.

Conséquences de l'inégalité

8. La plupart des hommes, mus par une sorte d'ambition, semblent plus tenir à être aimés qu'à aimer eux-mêmes. Aussi accueillent-ils souvent avec faveur les flatteurs : le flatteur est un ami, pour ainsi dire, inférieur, ou qui affecte l'infériorité. Et il feint de désirer plus vivement aimer qu'être aimé. Or l'amitié qu'on inspire ressemble assez à l'estime et à la considération. Les hommes en sont généralement avides. Pourtant, ils ne cherchent pas vraiment la considération pour elle-même, mais pour les avantages accidentels qu'elle procure : ils espèrent en recevoir les marques, de la part d'individus bien placés dont ils attendent les faveurs. Ces marques sont comme les signes des bienfaits éventuels.

Quant à ceux qui préfèrent l'estime des êtres bons et sages, ils aspirent surtout à voir confirmée par là l'opinion qu'ils ont d'eux-mêmes. Ils se sentent flattés d'être reconnus comme des gens de valeur, se fient pour cela au jugement d'autrui. Ce qui les charme, c'est d'être aimés de cette façon. Ils s'imaginent alors accorder plus de prix à l'amitié qu'à la considération, désirer l'amitié pour elle-même.

Mais l'amitié véritable consiste plus à aimer qu'à être aimé. Ce qui le montre bien, c'est la joie que les mères prennent à chérir leurs enfants. Certaines mettent ceux-ci en nourrice, et pourtant elles les aiment sans espérer être aimées en retour, puisque ce n'est pas encore possible. Il leur suffit, semble-t-il, de savoir leurs enfants heureux, même s'ils ne leur rendent rien de ce qui est dû à une mère, à cause de l'ignorance où ils se trouvent.

L'amitié est donc, d'abord, l'acte d'aimer. On loue ceux qui aiment leurs amis. On leur reconnaît la vertu de l'amitié. Et les amis sûrs sont ceux qui proportionnent leur attachement au mérite. Ils la rendent alors durable. Ils peuvent aimer ainsi même des personnes de condition inégale : l'amitié rétablit l'égalité. Égalité et ressemblance sont les conditions de l'amitié, surtout la ressemblance dans la vertu. Les vertueux, ayant eux-mêmes de la stabilité, la gardent dans les relations avec les autres. Ils n'ont aucun besoin de recourir à des actions méprisables. Non seulement ils ne s'y prêtent pas, mais ils gardent leurs amis de s'y laisser entraîner. Ils les évitent eux-mêmes, ne les tolèrent pas chez leurs amis.

Au contraire, les gens vicieux n'ont ni constance ni stabilité ; ils ne restent même pas semblables à eux-mêmes.

Aussi leurs amitiés ne durent-elles que très peu de temps, puisqu'elles reposent sur la délectation apportée par la perversité d'autrui. Même les amitiés motivées par l'intérêt ou l'agrément sont plus solides : elles subsistent tant qu'on peut se procurer du plaisir ou se rendre service. Ajoutons que l'amitié intéressée naît plutôt de l'opposition des conditions : un pauvre a besoin d'un riche, un ignorant d'un savant. C'est que celui qui reconnaît qu'une chose lui manque est porté à la désirer. Il noue alors une relation qui n'est pas sans analogie avec celle de l'amant et de l'aimé, du laid et du beau. On comprend ainsi pourquoi l'amant paraît parfois ridicule lorsqu'il a la prétention d'être aimé comme il aime, prétention à la rigueur justifiée chez les personnes vraiment attirantes, mais risible chez les autres.

Peut-être, du reste, les contraires ne sont-ils attirés l'un vers l'autre que par accident, et non à cause de leur nature. La tendance la plus naturelle porte les êtres vers un état intermédiaire entre les opposés. En ce milieu est le bien. Par exemple, il est bon pour le sec, non de devenir humide, mais d'atteindre un état moyen entre les qualités inverses. Il en est de même pour le chaud et le froid, pour toutes les qualités. Mais laissons ces considérations trop éloignées de notre sujet.

Amitié et justice : relations amicales, familiales et politiques

Toute association suppose de l'amitié au sens large et pose des problèmes de justice

9. L'amitié et la justice semblent, comme on l'a dit au début, se rapporter aux mêmes objets et avoir des caractères communs. Il n'est pas de communauté humaine où l'on ne trouve quelque forme de justice ou d'amitié. On donne, par exemple, le nom d'amis à ceux qui sont compagnons de navigation ou d'armes, aux membres d'associations diverses. Leur communauté est à la mesure de leur amitié, et détermine l'étendue de leurs droits réciproques. Le proverbe : *Entre amis tout est commun,* est à cet égard d'une parfaite justesse : l'amitié est d'abord une mise en commun. Tout est commun, par exemple, entre frères et camarades. Dans d'autres relations, la mise en commun a des limites ; elle porte sur des choses plus ou moins nombreuses ; elle admet, ainsi que l'amitié, des degrés. Les droits aussi diffèrent : ceux des parents et des enfants ne sont pas ceux des frères entre eux ; les droits des camarades ne sont pas ceux des citoyens en général.

A chaque association correspond aussi un type et un degré d'injustice. L'injustice est plus grave quand elle est commise à l'égard d'un ami. On est plus coupable de faire perdre de l'argent à un camarade qu'à un citoyen quelconque, de ne pas secourir son frère que de ne pas aider un inconnu, de frapper son père que d'agresser le premier venu. La nature exige que l'obligation d'être juste croisse avec l'amitié : justice et amitié existent entre les mêmes personnes et s'appliquent aux mêmes objets.

Toutes les communautés ne sont que des fragments de la société politique. Les hommes se réunissent en vue de quelque but utilitaire, et pour se procurer ce qui est nécessaire à la vie. L'intérêt général en vue duquel les cités se sont formées, pour lequel elles subsistent, est la fin visée par les législateurs. Ils appellent juste ce qui lui est conforme.

Chaque association cherche son intérêt particulier. Les gens de mer, par exemple, espèrent tirer profit de la navigation : se procurer des richesses, ou quelque autre avantage. Les compagnons d'armes font la guerre soit pour l'argent, soit pour la gloire, soit pour la conquête. Toute société cherche ainsi ce qui semble utile : les tribus, les dèmes[1], etc. Certaines confréries paraissent se constituer en vue du plaisir : ainsi les thiases[2], ou les cercles dans lesquels chacun paye sa cotisation, en vue d'un sacrifice ou d'un banquet.

Mais toutes ces associations sont, pour ainsi dire, subordonnées à la société politique dont elles font partie. Celle-ci ne vise pas seulement l'intérêt d'un moment, mais ce qui sert toute la vie. On y organise des sacrifices, on se réunit, on rend aux dieux des marques d'honneur, on se procure des distractions agréables. Des fêtes, par exemple, avaient lieu autrefois après la récolte des fruits (elles présentaient le caractère d'une offrande des prémices aux divinités) parce que le peuple tout entier avait plus de loisir à ce moment de l'année. On le voit : toutes les communautés sont des fragments de la communauté politique, et à chacune correspond une espèce d'amitié.

Toute association est un fragment de la société politique

10. Il y a trois espèces de gouvernement, et trois façons de dévier de la forme propre à chacune d'elles qui en sont comme les corruptions ou dégénérations. Ces trois espèces sont : la royauté, l'aristocratie, et celle que l'on appelle la plupart du temps république, et que l'on pourrait qualifier de timocratie[3] (on n'y peut être électeur que si on possède une certaine quotité de revenus, ou cens). La meilleure de ces constitutions est la royauté, la plus mauvaise est la timocratie. La corruption de la royauté est la tyrannie : l'une et l'autre sont des monarchies, mais elles diffèrent profondément. Le tyran, en effet, n'a en vue que son intérêt personnel, alors que le roi se préoccupe de l'intérêt de ses sujets. Le vrai roi possède assez de biens pour se contenter de ce qu'il a et ne pas se soucier de son profit égoïstement, mais de celui de son peuple. Sinon,

1. *Dèmes* : subdivisions territoriales.
2. *Thiases* : associations de familles en vue de rendre un culte à une divinité.
3. *Timocratie* : du grec *timê* : estimation, prix, honneur et *kratia* : pouvoir. Forme de gouvernement dans lequel les fonctions publiques sont réservées aux citoyens les plus riches. Il y règne une certaine égalité, cf. plus loin.

autant le tirer au sort. Le tyran est tout le contraire : il ne cherche que son propre profit. Il en résulte que la tyrannie est la pire des déviations : le contraire du mieux est ce qu'il y a de plus mauvais.

Mais la monarchie peut se transformer en son contraire : un mauvais roi devient un tyran. De même, on peut passer de l'aristocratie à l'oligarchie[1] à cause du vice des gouvernants : disposant de la fortune publique, sans aucun égard au mérite, ils s'emparent de tous les biens, ou d'une grande partie de ceux-ci, réservent les magistratures toujours aux mêmes personnes, ne faisant cas que de la richesse ; dès lors, le pouvoir, au lieu d'être exercé par les plus capables, tombe aux mains d'un petit nombre d'hommes sans scrupules. Enfin, il arrive que de la timocratie, on glisse à la démocratie. Ces deux formes de constitutions sont assez voisines : en timocratie aussi la majorité gouverne et ceux qui ont le même cens se considèrent comme des égaux. Ce qui fait que la démocratie est la moins mauvaise de toutes les constitutions corrompues (elle s'écarte de façon minine du gouvernement vraiment républicain). Telles sont, en tout cas, les diverses espèces de dégénération ; et il ne faut pas longtemps pour qu'un bon régime politique dégénère.

On peut trouver des analogies, et comme des modèles, à ces constitutions dans l'organisation des familles. Le père est avec ses enfants comme un roi avec ses sujets. Le père prend soin de ses enfants. Homère, d'ailleurs, donne à Zeus le nom de père, et le roi tend à exercer une autorité paternelle. C'est différent, notons-le, chez les Perses où la domination du père est tyrannique, où les enfants sont traités comme des esclaves. Autant il est légitime d'être le tyran de ses esclaves, de ne viser, comme le maître, que ses avantages personnels, autant il est déplacé d'être celui de ses enfants. L'autorité doit être différente lorsqu'elle s'exerce sur des personnes différentes.

1. *Oligarchie* : régime politique dans lequel la souveraineté appartient à une classe restreinte et privilégiée.

Le pouvoir du mari sur la femme est, quant à lui, de type aristocratique. Il est proportionné au mérite. Le mari gouverne dans les domaines où il convient que l'homme dirige, mais il abandonne à son épouse tous les soins qui sont de sa compétence. S'il voulait, par contre, décider de tout en maître, son autorité aristocratique dégénérerait en oligarchie, car il n'agirait plus alors en vertu de sa supériorité naturelle. Parfois, pourtant, c'est la femme qui commande : quand elle est une riche héritière. Dans ce cas encore, l'autorité n'est pas liée à l'excellence de la personne, mais à la richesse, et l'on peut parler aussi d'oligarchie.

Quant aux rapports entre frères, ils ressemblent à une timocratie : il y a égalité entre eux, du moins autant que la différence d'âge le permet. Si cette différence est trop importante, c'en est fini de l'amitié fraternelle.

Enfin, la forme démocratique semble se retrouver surtout dans les familles qui n'ont pas de chef (les membres y sont égaux), et dans celles où le chef est faible ; chacun vit, alors, dans la licence et au gré de son caprice.

L'amitié et les constitutions politiques

11. Dans chacune de ces formes de gouvernement, on voit apparaître une amitié proportionnée aux rapports de justice. L'amitié règne dans le cœur du monarque dans la mesure où il allie, à sa supériorité, la bienfaisance. S'il est bon, il veille au bien de ses sujets, se soucie sans cesse de leur bonheur, ressemble à un berger attentif aux soins de son troupeau. On comprend qu'Homère ait appelé Agamemnon *le Pasteur des peuples*. La tendresse paternelle est du même genre, mais elle l'emporte par la grandeur des bienfaits. Le père est l'auteur des jours, c'est-à-dire qu'il a fait le plus grand des dons. Il pourvoit à l'entretien de ses enfants, à leur éducation. L'hommage qu'on lui rend revient, d'ailleurs, à tous les ancêtres. Naturelle est l'autorité du père sur ses enfants, des ancêtres sur leurs descendants, d'un roi sur ses sujets. Elle repose sur la supériorité, mérite le respect. La justice s'allie à l'amitié pour proportionner celle-ci au mérite de chacun.

La tendresse d'un mari pour sa femme est un sentiment analogue à celui qu'on trouve dans le gouvernement aristocratique. Elle est proportionnée à l'excellence personnelle, le meilleur en tire plus d'avantages. Ce qui est conforme aux rapports de justice.

Quant à l'affection des frères, elle ressemble à celle des camarades : ils sont égaux, à peu près de même âge, ont des désirs et des caractères très proches. Elle ressemble aussi à celle qui se manifeste dans les gouvernements timocratiques : les citoyens se distinguent avant tout par le mérite, prennent le commandement à tour de rôle, avec un droit égal. L'exigence d'égalité se retrouve dans leur amitié.

Par contre, dans les formes corrompues de gouvernement, la justice va toujours s'affaiblissant, et il en est de même de l'amitié. Celle-ci disparaît même, ou à peu près, de la constitution la plus perverse, la tyrannie. Il n'y a plus rien de commun entre le despote et les gouvernés : l'affection réciproque, comme la justice, est impossible. Le rapport du tyran avec ses sujets n'est pas sans rappeler celui de l'artisan et de ses outils, celui de l'âme et du corps, celui du maître et de ses esclaves. Sans doute les instruments peuvent-ils être l'objet de soins de la part de ceux qui les emploient. Mais on ne saurait faire preuve d'amitié ni de justice pour ces choses, pas plus qu'on n'en montre pour un cheval, un bœuf ou même pour un esclave en tant qu'esclave. Celui-ci n'a rien de commun avec son maître. Il est un instrument animé, comme l'instrument est un esclave inanimé. Il ne peut susciter d'amitié en tant qu'esclave, mais il le peut en tant qu'homme. En effet, certains rapports de justice et quelque relation d'amitié s'établissent avec tout être capable de se soumettre à une loi commune et d'accepter une convention.

Pour conclure : place très restreinte de l'amitié et de

la justice dans la tyrannie, place considérable dans les démocraties, où beaucoup de choses sont mises en commun, où les citoyens sont égaux.

Relations familiales et relations amicales

12. Toute amitié, comme nous l'avons déjà dit, se réalise au sein d'une communauté. Il faut bien distinguer l'attachement naturel aux parents et les relations avec les camarades. Le lien entre les membres d'une même cité, d'une même tribu, entre compagnons de bord, vient d'une convention artificielle, ainsi que le rapport avec les hôtes.

L'affection entre membres d'une même famille, tout en revêtant des formes diverses, dérive toujours de l'amour des parents pour leurs enfants. Les parents chérissent leurs enfants comme une partie d'eux-mêmes et les enfants chérissent leurs parents dans la mesure où ils tiennent d'eux ce qu'ils sont. Les parents savent mieux ce que leurs enfants leur doivent que les enfants ne savent ce qu'ils doivent à leurs parents. Il y a une communauté plus étroite entre le principe d'existence et l'être engendré, qu'entre cet être et son principe. La réalité produite appartient, en effet, substantiellement, à l'être dont elle émane (ainsi les cheveux, les dents, les parties du corps vivant) plus que cet être ne se retrouve en elle. Sur ce plan, la durée compte aussi : les parents adorent leurs enfants dès l'instant de leur naissance, alors que les enfants n'aiment vraiment leurs parents que lorsqu'ils sont un peu avancés dans la vie, lorsque leur intelligence et leur sensibilité se sont développées. Ceci permet de comprendre pourquoi la tendresse des mères pour leur progéniture est la plus vive qui soit. Ainsi les parents aiment leurs enfants comme des êtres certes détachés d'eux, mais en qui ils se retrouvent, comme des autres eux-mêmes. Les enfants aiment, eux, leurs parents comme la simple cause de leur existence.

Et la communauté d'origine permet de comprendre l'affection mutuelle des frères : comme ils ressemblent à leurs parents, ils se ressemblent entre eux. D'où les expressions courantes : ils sont du même sang, de la même souche. Ils sont en quelque sorte comme une substance unique dans des corps distincts. L'éducation commune et le faible écart d'âge renforcent, par ailleurs, l'amitié. On le dit souvent : on est attiré par ceux de son âge et les habitudes partagées engendrent la camaraderie. Les frères sont, d'ailleurs, entre eux comme des camarades. Les relations étroites entre les cousins germains, ou entre d'autres membres d'une famille, tiennent aussi à la communauté d'origine : il y a des degrés dans l'intimité ; elle est plus ou moins étroite suivant la proximité ou l'éloignement de l'ancêtre primordial.

Au reste, la tendresse pour les parents, comme le respect des dieux, repose sur la reconnaissance de leur bonté et de leur supériorité. Des parents, les enfants ont reçu les plus grands bienfaits : l'existence, l'entretien, et puis l'éducation. La relation avec des étrangers n'est jamais aussi agréable ni aussi utile que celle des enfants avec leurs parents. Les frères, eux, sont tout à fait entre eux comme des camarades. Leur affection est d'autant plus forte qu'ils ont été élevés ensemble, qu'ils ont, depuis un temps plus ou moins long, vécu les uns avec les autres, qu'ils sont plus proches de caractère, moins éloignés quant à l'âge. Le temps, ici aussi, constitue l'épreuve la plus décisive et la plus sûre.

L'affection conjugale est conforme à la nature : l'homme est enclin naturellement au couple plus qu'à la société politique. La famille est, d'ailleurs, antérieure à la cité, plus nécessaire qu'elle. Et la procréation est commune à tous les êtres vivants. Mais l'homme, contrairement à l'animal, ne s'unit pas à la femme seulement en vue de cette fin. Il aspire aussi à la satisfaction de tous les besoins vitaux. Ce qui explique la division du travail entre les sexes. L'homme et la femme s'entraident, mettent leurs capacités propres au service de l'activité commune. On comprend ainsi que l'union conjugale permette de joindre l'utile à l'agréable. Elle peut même être fondée sur la vertu, quand les époux sont des gens de bien. Chacun a sa vertu propre et tire son plaisir du mérite de l'autre. Et les enfants contribuent à renforcer le lien des conjoints. Aussi, les couples sans enfants se désunissent-ils plus facilement. Les enfants sont un bien commun, et tout ce qui est commun aide l'accord à se maintenir.

Se demander comment un mari doit vivre avec sa femme, et, de façon plus générale, un ami avec un ami, c'est se demander quelles règles de justice ils ont à respecter. Ces règles, en effet, ne sont pas les mêmes selon qu'on a affaire à un ami, un étranger, un camarade, ou un condisciple.

Conflits entre amis, luttes politiques, querelles familiales

13. Il y a donc, ainsi que nous l'avons déjà dit, au début, trois espèces d'amitié, et, pour chacune d'elles, tantôt égalité entre les amis, tantôt supériorité de l'un par rapport à l'autre : deux hommes peuvent être également vertueux, ou l'un peut l'emporter sur l'autre sur ce plan ; deux hommes peuvent être égaux ou inégaux quant aux plaisirs procurés ou aux services rendus. Deux cas possibles : ou bien les amis sont égaux et l'affection doit être égale entre eux ; ou bien ils sont inégaux et il faut que celui qui est dans une position défavorisée compense cette dernière en fournissant des avantages proportionnés à la supériorité de l'autre.

Ce n'est pas sans raison que l'amitié intéressée est, plus souvent en tout cas que les autres, l'occasion de plaintes et de récriminations. Quand l'amitié repose sur la vertu, chacun s'empresse de faire du bien à l'autre (c'est le propre, à la fois, de l'amitié et de la vertu) : une telle émulation ne suscite ni reproches ni contestation. Nul n'est fâché qu'on lui fasse du bien, et, si l'on ne manque pas de délicatesse, on s'efforce de rendre la pareille. Si l'un se montre plus bienfaisant, il ne saurait en faire grief à son ami : il va dans le sens souhaité de part et d'autre.

Les querelles ne sont pas non plus monnaie courante dans les amitiés fondées sur la quête du plaisir. Les amis trouvent ce qu'ils cherchaient : un agrément partagé. Celui qui se plaindrait de ne pas être satisfait serait ridicule de le reprocher à l'autre. Libre à lui, dans ce cas, de prendre ses distances.

Au contraire, les liaisons intéressées sont le terrain de conflits incessants. La relation s'est nouée en vue des profits escomptés ; ceux-ci ne sont jamais assez grands, ne représentant pas ce à quoi l'on estimait avoir droit. L'obligé considère qu'il n'a jamais assez reçu ; le bienfaiteur se voit dans l'impossibilité de répondre à ses demandes croissantes.

Et, de même qu'il y a deux espèces de justice, l'une non écrite, l'autre codifiée par la loi, de même l'amitié intéressée est de deux sortes, l'une morale, l'autre légale. Les plaintes viennent surtout de ce que les deux parties ne s'accordent plus sur l'interprétation à donner à la convention passée et estiment que les engagements n'ont pas été respectés comme il le fallait. Ou bien l'accord était de type simplement légal et se référait à des clauses tout à fait déterminées, avec même parfois, dans certains échanges commerciaux, paiement au comptant. Ou bien il avait un caractère aussi moral : la dette alors ne saurait être contestée, mais l'affection peut amener à consentir un délai, à se montrer plus libéral quant au temps de paiement. Il n'y a pas, dans ce cas, matière à procès : on a accordé sa confiance, on en supporte les conséquences. L'avantage a été, en effet, consenti alors à titre amical, même si, par ailleurs, on en escomptait du profit, en ne faisant pas un don mais un prêt, même si on se trouve dans une situation moins favorable à l'expiration du contrat. La complexité de cet état de choses vient de ce que le donateur, comme la plupart des hommes, désire se montrer noble et souhaite aussi que sa générosité lui rapporte.

Dès lors, pour éviter les plaintes, il faut rendre, de son plein gré, l'équivalent de ce qu'on a reçu. Nous ne devons pas traiter l'autre comme un ami si tel n'est pas son désir. Ce serait une erreur d'accepter un bienfait en faisant comme si on nous l'octroyait par pure amitié, pour le plaisir de donner. Nous devons nous acquitter de notre dette ainsi qu'on le ferait s'il y avait eu un contrat écrit. Car dans ce contrat, on se serait engagé à rendre l'équivalent des prestations avancées. Ce qui importe surtout, c'est que, dès le début, nous connaissions bien la personne qui nous rend service et dans quel esprit elle le fait.

Encore un point épineux : doit-on, pour mesurer la valeur de l'avantage concédé, tenir compte du profit qu'en tire le bénéficiaire, ou du prix qu'il coûte au bienfaiteur ? L'obligé dira que les services rendus étaient peu de chose pour ce dernier, que d'autres auraient pu en faire tout autant ; il minimisera, ainsi, l'importance du soutien apporté. Le bienfaiteur, en revanche, soutiendra que l'autre lui a les plus grandes obligations, et qu'il n'aurait pu recevoir de personne une aide comparable, surtout dans la situation difficile et périlleuse où il se trouvait. Dans une amitié ainsi intéressée, tout ne doit-il pas se mesurer à l'importance du service rendu ? L'un était demandeur. Si son ami l'a secouru, c'est avec l'espoir d'obtenir un jour une aide équivalente. La valeur de l'assistance apportée est fonction de l'utilité qu'elle a eue pour l'obligé. Celui-ci doit donc rendre à l'autre autant qu'il en a reçu, ou même, ce qui est plus noble, davantage.

Dans les amitiés fondées sur la vertu, de tels conflits n'existent pas. Le choix délibéré du bienfaiteur est la mesure du bienfait, puisqu'il est la condition essentielle de l'excellence morale.

14. Des différends éclatent aussi dans les amitiés où l'un a une supériorité sur l'autre. Chacun, en effet, prétend obtenir plus que son ami : dès lors, l'amitié touche à sa fin. Le plus vertueux croit ainsi, se conformant à ce qui se dit communément, qu'il est juste que l'avantage soit de son côté. Le plus utile a la même prétention. Le bon à rien ne lui semble pas mériter une part égale. Et il lui paraît que si les profits de l'amitié ne sont pas en proportion de l'œuvre accomplie, on ne peut plus parler d'amitié, mais de charge gratuite imposée. Il estime qu'il doit en être de l'amitié comme d'une société commerciale, où ceux qui ont fourni le plus de fonds ont droit à des bénéfices plus importants. Mais l'opinion de l'homme qui est dans le besoin, ou qui a moins de mérite, est fort différente : à quoi bon, pense-t-il, être l'ami d'un homme de bien ou d'un homme puissant, si l'on n'en peut tirer aucun avantage ? Il considère que le véritable ami a le devoir d'aider ceux qui sont dans l'indigence.

Toutes ces prétentions peuvent paraître justifiées : chaque ami est en droit d'attendre de l'amitié de réels bienfaits. Mais il faut préciser : les bienfaits ne doivent pas être les mêmes dans tous les cas ; celui qui l'emporte en mérite a droit à plus de considération, et celui qui est dans le besoin a droit à plus d'aide matérielle. La considération récompense la vertu, l'aide matérielle soulage l'indigence.

C'est d'ailleurs ainsi que les choses se passent dans les organisations politiques. On n'y honore point ceux qui ne sont pas utiles à l'intérêt commun. Ce qui appartient à la communauté revient à celui qui rend service à cette communauté, et les honneurs sont liés à la vie collective. Et l'on ne peut espérer tirer de celle-ci à la fois argent et honneurs. Pour que personne ne soit défavorisé, on accorde des honneurs à celui qui a sacrifié ses biens pour la communauté, et de l'argent à celui qui s'en contente volontiers. Répétons-le : proportionner les bienfaits au mérite, c'est rétablir l'égalité, et ainsi, préserver l'amitié. Telle est la règle, du moins pour les amitiés entre inégaux : il faut payer le prix des services reçus, soit par de l'argent, soit par des témoignages de considération, soit, encore, d'une autre façon (dans ce domaine, on fait souvent ce qu'on peut, plus que ce qui serait vraiment juste).

On n'arrive pas toujours, d'ailleurs, à s'acquitter de sa dette : par exemple, on ne saurait rendre aux parents et aux dieux les honneurs auxquels ils ont droit. C'est déjà bien de les respecter selon ses moyens. Aussi un fils ne peut-il renier son père, alors qu'un père peut, lui, renier son fils. Il faut, redisons-le, s'acquitter de sa dette, mais rien ne sera jamais à la mesure de ce qu'apporte un père. Le fils est débiteur pour toujours ; à moins que son père ne décide du contraire, car seul celui envers qui nous avons des obligations, a la faculté de nous en décharger. Ajoutons qu'en revanche il n'est pas, en fait, de père qui tienne à abandonner son fils, à moins que celui-ci ne soit extrêmement pervers : en effet, sans parler de l'affection naturelle, il n'est pas dans le cœur de l'homme de désirer se priver d'un appui éventuellement précieux. Un fils vicieux est fort capable, lui, d'éviter d'aider son père, ou d'y mettre peu d'empressement. La plupart des gens souhaitent qu'on leur fasse du bien, mais se dispensent volontiers d'en faire aux autres, à moins qu'ils n'en tirent quelque avantage.

En voilà assez sur ce sujet.

Livre IX
Questions disputées

Comment fixer le juste prix de ce que chacun apporte ?

1. Dans toutes les amitiés où les gens ne sont pas égaux, la proportionnalité rétablit entre eux l'égalité, et préserve ainsi le sentiment, comme on l'a déjà dit. Il en est de même dans toutes les communautés politiques où chacun, qu'il soit tisserand, cordonnier, ou artisan en général, exige un prix proportionné à la valeur de ses marchandises. La monnaie sert, alors, de mesure, et permet l'évaluation. Dans la relation amoureuse, cependant, il arrive parfois que l'amant, n'ayant peut-être rien de bien séduisant, reproche à l'aimé de ne pas répondre à ses prévenances. Et l'être aimé peut se plaindre, de son côté, que ne soient pas tenues les magnifiques promesses qui lui avaient été faites. Par exemple, l'amant n'avait en vue que le plaisir, et l'être aimé que le profit, chacun s'estime trompé dans son attente. Fondée sur de tels motifs, l'amitié se relâche vite quand on n'y trouve plus ce qu'on était venu y chercher. C'est qu'aucun des amis, dans ce cas, n'aime l'autre pour lui-même, mais pour les avantages qu'il espère en tirer. Et ces avantages, étant instables, l'amitié l'est aussi. Au contraire, répétons-le, l'amitié qui repose sur la similitude des personnes et qui a été contractée pour elle-même est stable.

Les dissentiments naissent encore lorsque les amis obtiennent autre chose que ce qu'ils avaient précisément espéré. Autant ne rien obtenir du tout. Rappelons-nous l'histoire de ce joueur de cithare à qui l'on avait promis une récompense d'autant plus somptueuse qu'il aurait chanté avec plus de talent. Comme il réclamait, le lendemain, la récompense promise, celui qui l'avait engagé s'excusa, prétextant lui avoir déjà donné, par ses éloges, plaisir pour plaisir. Une telle rémunération aurait été suffisante si elle avait été attendue. Mais si l'un comptait sur du plaisir, et l'autre sur un avantage pécuniaire, et si l'un a eu ce qu'il souhaitait, et l'autre non, les conditions d'un échange juste n'ont pas été remplies. N'oublions pas que l'homme qui se trouve dans le besoin ne cesse de penser à ce qui lui manque et renoncerait à tout pour l'obtenir.

Autre question : à qui appartient-il de déterminer le juste prix d'un service ? A celui qui a commencé à le rendre, ou à celui qui en a d'abord bénéficié ? Le premier semble, sur ce point, faire confiance au second. C'est, dit-on, en tout cas ainsi que procédait Protagoras[1]. Lorsqu'il avait donné des leçons de son art - quel qu'il fût - il invitait son disciple à fixer lui-même le prix des connaissances acquises, et il se contentait de ce que celui-ci, alors, lui donnait. En pareil cas, quelques personnes s'en tiennent au proverbe : *Avec un ami engagez-vous à un juste salaire*. Certains se font payer d'avance, et, ensuite, ne respectent pas leurs engagements, à cause de l'excès de leurs promesses ; ils sont l'objet de reproches justifiés, puisqu'ils ne tiennent pas parole. Les sophistes sont bien obligés de procéder ainsi : personne ne voudrait payer la moindre somme en échange de ce qu'ils savent. On les blâme à juste titre.

Si aucune convention explicite ne fixe la rétribution, ceux qui rendent service à leurs amis de façon désintéressée n'ont pas à craindre de reproches. De ce genre est l'amitié fondée sur la vertu : le montant de la rémunération est établi par un choix délibéré et réciproque (l'amitié, comme toute vertu, repose sur un tel choix). C'est, d'ailleurs, la seule façon de s'acquitter envers ceux qui dispensent un enseignement philosophique : nul ne peut mesurer le prix d'un tel enseignement. Aucun respect même n'est à la hauteur de l'avantage qu'il procure. Et, dans ce cas, le seul moyen de payer ce qu'on doit est de donner ce qu'on peut, comme on le fait dans les rapports avec les dieux ou avec les parents. Lorsqu'au contraire le service est rendu de manière intéressée, la meilleure solution est de déterminer à l'avance, par un accord explicite,

1. *Protagoras* : un des premiers sophistes. Voir à ce sujet le dialogue du même nom de Platon (Éd. Garnier-Flammarion).

sa valeur précise. Si l'accord n'a pu se réaliser, il semble non seulement nécessaire mais juste que le premier bénéficiaire estime la valeur de la rémunération. Si celle-ci équivaut au service, elle équilibrera, avec équité, l'aide apportée. C'est d'ailleurs ainsi que l'on procède dans les transactions commerciales.

Et même, dans certains pays, aucune action en justice n'est prévue par les lois, dans le cas des échanges fondés sur la confiance. Si l'on s'est fié à quelqu'un au début, lorsque la décision a été prise, on doit dans le même esprit, pense-t-on, régler avec lui les différends éventuels. La personne en qui la confiance a été placée est alors considérée comme plus à même de trancher équitablement que la personne qui a placé sa confiance. Il importe, en effet, de tenir compte du fait suivant : la plupart des choses ne revêtent pas une valeur identique aux yeux de celui à qui elles appartiennent et aux yeux de celui qui les désire. On attache communément un plus grand prix à ce que l'on possède et donne. Aussi est-ce à celui qui reçoit de régler le taux de l'échange. Précisons toutefois qu'il doit le faire en tenant compte, non de la valeur assignée aux choses après leur obtention, mais de la valeur qu'il leur attribuait avant de les avoir lui-même en sa possession.

Doit-on sacrifier à un ami les engagements contractés ?

2. D'autres questions méritent d'être posées : doit-on obéissance et déférence en tout à son père ? Quand il est malade, ne faut-il pas suivre, avant les siennes, les prescriptions du médecin ? Ou encore, lorsqu'on a à choisir un chef pour la guerre, ne faut-il pas accorder ses suffrages à un stratège reconnu plutôt qu'à son père ? Dans le même ordre d'idées, faut-il se montrer dévoué à celui qui vous a rendu service plutôt que bon envers un camarade ? Faut-il se montrer reconnaissant à l'égard d'un bienfaiteur, ou bien généreux envers son ami, s'il n'est pas possible de satisfaire à la fois à ces deux obligations ?

S'acquitter de sa dette ou témoigner de sa libéralité ? N'est-il pas vrai qu'il n'est pas facile de répondre de manière univoque à toutes ces questions ? Elles supposent qu'on fasse d'abord des distinctions variées, relatives à la beauté plus ou moins grande des actions, à leur nécessité plus ou moins pressante. Ce qui est certain, c'est qu'il ne faut pas tout accorder à la même personne, et qu'on doit, du moins ordinairement, rendre un bienfait avant de faire plaisir à un camarade. Et encore n'est-il pas sûr que ces règles soient valables dans tous les cas. Par exemple, supposons qu'on ait été arraché à des brigands par le versement d'une rançon : est-on obligé de payer pour obtenir de délivrer son propre libérateur ? Et si celui-ci était une canaille ? S'il n'avait pas vraiment été enlevé, mais cherchait par ruse à se faire rembourser ? S'il y avait à choisir entre le délivrer ou délivrer son propre père ? Comme nous l'avons vu, s'acquitter d'une dette est, de façon générale, une obligation. Mais un don accordé à un homme honorable ou à une personne dans le besoin peut sembler plus urgent. Il n'est même pas toujours équitable de rendre l'équivalent de ce qu'on a reçu ; on peut imaginer un obligé vertueux et un bienfaiteur malhonnête. Il arrive qu'il soit plus juste de ne pas prêter d'argent à un prêteur : celui-ci savait que vous le rembourseriez, alors que vous ne sauriez caresser un tel espoir si vous saviez avoir affaire à une crapule. En tout cas, il en a la réputation : même si celle-ci n'était pas fondée, personne ne trouverait votre attitude scandaleuse.

Ainsi nos raisonnements sur les passions et sur les actes doivent s'adapter aux cas d'espèce. Il est clair qu'il ne faut pas avoir les mêmes égards pour des personnes différentes, se conformer en toutes circonstances aux désirs de son père, de même qu'il ne faut pas offrir à Zeus tous les sacrifices. On n'a pas à se conduire de façon identique avec ses parents, ses frères, ses camarades, ses bienfaiteurs. Il est juste de réserver des avantages appropriés à chacun. C'est d'ailleurs ce qui se fait ordinairement :

aux noces, par exemple, sont conviés d'abord les membres de la famille. Ils sont les premiers concernés par tout ce qui se produit dans leur communauté d'origine. Ils doivent, pour les mêmes raisons, venir aux funérailles d'un parent. On pense aussi que le premier devoir des enfants est d'assurer la subsistance de leur père et de leur mère. Il est plus noble d'aider les auteurs de ses jours que de se soucier de sa propre conservation. On doit honorer ses parents, comme les dieux, mais on ne doit pas tous les honorer de la même façon : le respect dû au père n'est pas identique au respect dû à la mère, et il diffère aussi du respect qu'il importe de témoigner à un philosophe, à un chef militaire, etc. Les égards que mérite un vieillard, - comme de se lever à son approche, le faire s'asseoir -, ne sont pas les égards qu'il faut montrer pour un camarade ou un frère (avec ceux-ci, on peut parler librement, sur un pied d'égalité). A chacun donc, membre de la famille, de la cité, il convient de manifester un respect approprié. Les discriminations sont souvent plus faciles à faire dans le cadre de la famille.

Faut-il rompre une amitié ?

3. Autre question embarrassante : faut-il rompre une amitié avec celui qui n'est plus ce qu'il était ? Est-il étrange que l'amitié s'arrête avec ceux dont on appréciait l'agrément ou l'utilité dès lors qu'ils ont cessé d'être utiles ou agréables ? Non, puisque ce dont on était épris n'existe plus. Par contre, on aurait bien raison de se plaindre si celui que l'appât du gain et l'attrait du plaisir motivaient avait feint d'être poussé à l'affection par des raisons morales. Nous l'avons dit précédemment : les malentendus viennent le plus souvent de ce que l'attachement ne repose pas sur ce qu'on avait cru. Lorsqu'un homme s'est fait des illusions, s'est imaginé être apprécié pour son excellence éthique, alors que son ami ne faisait rien qui pût lui donner cette pensée, il ne peut s'en prendre qu'à lui-

même. Mais, s'il a été grugé par les simulations de l'autre, qui jouait certains sentiments, il a de bonnes raisons d'en vouloir au trompeur. L'attitude de celui-ci est pire que la fabrication de fausse monnaie : elle porte sur une chose d'un plus grand prix.

Maintenant, si l'on s'est attaché à une personne, parce qu'on la croyait honorable, et qu'elle devienne perverse ou le paraisse, convient-il de continuer à l'aimer ? N'est-ce pas impossible et critiquable ? Le bon seul est digne d'être aimé. S'éprendre d'un être vicieux, c'est risquer de le devenir à son tour. Répétons-le : le semblable est attiré par le semblable. Faut-il, pour autant, rompre sans délai, ou n'a-t-on à le faire que si l'autre se révèle d'une méchanceté irrémédiable ? Si, au contraire, il est susceptible de s'amender, il est plus important de l'aider dans cette tâche morale que de le soutenir financièrement. Les problèmes moraux comptent plus, sont plus essentiels à l'amitié, que les questions d'argent. Cependant, celui qui romprait dans de telles conditions ne serait pas à blâmer : car, enfin, ce n'est pas comme tel qu'il avait choisi son ami, et, s'il estime impossible de l'arracher au vice, il ne lui reste plus qu'à s'éloigner de lui.

Le cas inverse peut se présenter : un des amis reste le même, tandis que l'autre progresse, au point de devenir d'une excellence morale nettement supérieure. N'est-il pas impossible que l'amitié subsiste ? Une telle situation se produit surtout dans le cas des amitiés contractées dans l'enfance : l'un est resté, mentalement, un enfant ; l'autre s'est transformé en homme accompli. Ils n'ont plus les mêmes penchants, ne ressentent plus les mêmes joies, ni les mêmes peines. L'amitié semble désormais impossible : la différence des sentiments fait obstacle à la vie en commun. Faut-il, alors, se comporter, à l'égard de celui qui fut un ami, comme s'il ne l'avait jamais été ? Ne devons-nous pas, au moins, conserver le souvenir de la liaison passée, et ne devons-nous pas, alors, accorder quelque chose à cette amitié d'antan, puisque nous estimons que les amis méritent plus de prévenance attentive que les étrangers ? Du moins, lorsque ce n'est pas la perversité de l'autre qui nous a amené à rompre.

Le méchant peut-il se plaire à lui-même ?

4. Les sentiments affectueux pour les amis, et les différents caractères de l'amitié semblent avoir pour origine l'amitié pour soi-même. On considère d'abord que l'ami veut faire du bien à son ami de façon désintéressée, pour l'avantage de cet ami lui-même. On ajoute que l'ami souhaite longue vie à son ami (c'est aussi le vœu que les mères forment pour leurs enfants ; même les amis qui se sont un peu querellés gardent cet état d'esprit). On dit aussi qu'est ami celui qui désire vivre en compagnie de l'autre, partager ses joies et ses tristesses (sur ce point aussi, l'ami fait penser à la mère). On estime enfin que les amis ont les mêmes opinions et les mêmes goûts.

Ces caractéristiques multiples se retrouvent dans l'amitié qu'un homme ressent pour lui-même, du moins un homme vertueux, ou, en tout cas, un homme qui se croit tel. Chez l'homme bon les opinions s'accordent, et les aspirations expriment l'âme entière, son harmonie. D'abord, il se souhaite, pour lui-même, ce qui est bon ou lui paraît tel, et il travaille activement à le réaliser, donc à développer la partie essentielle de son être, la pensée, l'intelligence. Ensuite, il se souhaite longue vie à lui-même, tel qu'il est ; il tend à persévérer dans son être, il n'aspire pas à devenir un autre, mais à continuer à améliorer son intellect (cette Raison dont seul Dieu a la possession totale et immuable). En outre, il n'a pas d'autre projet que celui de passer sa vie en sa propre compagnie : il goûte fort, en effet, le souvenir de ses actions passées ; il trouve du charme à ses espoirs, puisqu'ils portent la marque de sa propre bonté ; il se plaît à sa réflexion présente, si riche en sujets d'étude. Enfin, il aime ses joies et même ses tristesses, puisqu'elles l'expriment, reflètent son unité et son identité avec lui-même. Ce qui fait qu'il est étranger au regret, comme à la variation des sentiments : les mêmes objets restent douloureux ou agréables.

Les caractères de l'amitié pour un autre et de l'amitié pour soi-même sont donc identiques. L'ami est un autre soi-même. Quant à la question de savoir ce qui permet d'atteindre effectivement l'amitié pour soi-même, nous la laisserons de côté pour l'instant. Nous n'avons fait, ici, que préciser les propriétés qui permettent de la définir et de la reconnaître. Certains croient, notons-le, qu'elle a quelque chose d'excessif.

En tout cas, les quelques traits que nous venons de relever, semblent se rencontrer même chez des individus par ailleurs peu dignes d'estime. Les possèdent-ils en partie parce qu'ils ont des qualités qui les rendent aimables à leurs propres yeux, et leur font s'imaginer qu'ils sont dignes de respect ? Quoi qu'il en soit, les êtres d'une nature vraiment vicieuse en sont tout à fait dépourvus, n'en présentent pas même l'apparence. On ne les rencontre même pas chez les individus d'une perversité courante : ils sont, en effet, en désaccord avec eux-mêmes ; leurs appétits irrationnels les poussent d'un côté, leur volonté réfléchie les tire de l'autre. Ainsi sont, par exemple, les intempérants : ils préfèrent les plaisirs qui leur sont nuisibles à ceux qu'ils jugent pourtant bons pour eux. Les indolents sont d'une autre sorte : par paresse, ils négligent de faire ce qu'ils savent bien être le plus avantageux. Les vicieux, enfin, après avoir commis un grand nombre de crimes effrayants, finissent par prendre leur propre cruauté en horreur, et, parfois, se donnent la mort.

Les méchants s'empressent à chercher d'autres personnes avec qui passer leur temps : c'est qu'ils se fuient eux-mêmes, et que leur mémoire leur rappelle des conduites horribles, leur fait prévoir qu'ils recommenceront dans l'avenir. La compagnie des autres leur procure, alors, un peu d'oubli. En un mot, ils n'ont rien d'aimable, rien qui les porte à s'aimer eux-mêmes, se sentent comme étrangers à leurs propres jouissances et afflictions. Leur âme est un théâtre de dissensions : une partie souffre quand ils se voient forcés de s'abstenir de certaines choses, l'autre en éprouve de la joie. Elle est déchirée, écartelée, tirée tantôt dans un sens, tantôt dans un autre. Il n'est pas possible, certes, qu'elle éprouve en même temps du plaisir et de la peine. Mais, très vite, elle souffre de ce qui l'avait divertie, et elle voudrait que ses plaisirs n'aient jamais eu pour elle d'agrément. Les méchants sont sans trêve la proie du regret.

Aussi ne sont-ils pas du tout disposés à s'aimer eux-mêmes : rien en eux qui soit aimable. Et, puisque leur état est le plus misérable qui soit, nous devons fuir de toutes nos forces la perversité et nous appliquer à être des hommes de bien. Car c'est ainsi qu'on pourra s'aimer soi-même et devenir ami d'un autre.

Comment distinguer l'amitié de formes voisines ?

5. Quant à la bienveillance, elle ressemble sans doute à l'amitié, mais elle n'est pas l'amitié. On éprouve, en effet, de la bienveillance même pour des inconnus : cette affection peut rester cachée alors. Ce qui n'est pas le cas de l'amitié, comme on l'a déjà noté. La bienveillance est distincte, aussi, de l'attirance amoureuse : celle-ci ne va pas sans mouvement vers l'autre, sans désir, et suppose de surcroît des relations habituelles, alors que la bienveillance peut surgir de façon brusque. Par exemple, tout à coup, nous ressentons un enthousiasme pour les athlètes : en les regardant, nous éprouvons de la sympathie pour eux, nous nous associons mentalement à leurs efforts, quoique nous ne souhaitions pas vraiment y participer. La bienveillance est, ainsi, soudaine et superficielle.

La bienveillance est commencement d'amitié, comme le plaisir procuré par la vue de la personne aimée est commencement d'amour. En effet, on n'aime pas quelqu'un sans avoir d'abord été charmé par son aspect physique.

Mais l'amour ne se réduit pas à cela : il suppose aussi le regret de l'absence et le désir de la présence. De même, il n'est pas d'amitié qui ne soit précédée d'une bienveillance mutuelle. Mais l'amitié n'est pas seulement cette bienveillance, par laquelle on se contente de souhaiter du bien, sans être disposé à ne rien faire, à se donner la moindre peine pour l'autre. On pourrait, par métaphore, appeler la bienveillance une amitié inactive. Le temps et l'intimité de la vie commune peuvent la transformer en véritable amitié. On ne saurait en dire autant des affections liées à l'intérêt ou au plaisir. Celui auquel on a rendu d'importants services, et qui se montre, en retour, bienveillant, se borne à remplir un devoir de justice. De même, celui qui souhaite l'enrichissement de l'autre, parce qu'il en attend un enrichissement personnel, ne fait preuve de bienveillance qu'à l'égard de lui-même. N'est pas vraiment ami de quelqu'un celui qui ne se soucie que de son propre avantage. La bienveillance authentique, elle, n'est suscitée que par les vertus et l'excellence morales : on la ressent au spectacle de quelque existence belle, courageuse, ou possédant une qualité de ce genre (par exemple, celle des athlètes).

6. La concorde paraît, aussi, proche de l'amitié. Mais à condition de la distinguer de la simple identité d'opinions : celle-ci pourrait exister même entre des personnes qui ne se connaîtraient pas les unes les autres. Il ne suffit pas que l'on ait les mêmes opinions, par exemple, sur les phénomènes célestes, pour que la concorde règne. Un simple accord intellectuel, en effet, n'a rien de l'amitié. En revanche, on dit qu'il y a concorde lorsque dans les communautés politiques, les citoyens ont la même conception de leur intérêt commun, prennent les mêmes décisions et les exécutent. Ainsi, l'identité de sentiments se double d'un accord pratique au sujet d'actions importantes, susceptibles d'intéresser non seulement une partie, mais l'ensemble des membres de la collectivité. Par exemple, il y a concorde dans les cités où tous les citoyens se prononcent pour des magistrats élus, pour une alliance avec les Lacédémoniens, pour le maintien de Pittacos[1] au pouvoir (s'il y consent). Au contraire, il n'y a pas concorde si deux frères, comme dans *les Phéniciennes* d'Euripide, se disputent la magistrature suprême : ils s'entendent bien, en effet, sur l'objet à convoiter, mais s'opposent activement à son propos. Ils pensent à la même chose, mais sont justement adversaires à son propos. La concorde suppose des vues identiques, des sentiments partagés, une action commune (par exemple, le peuple et les notables peuvent travailler au même moment à l'installation de l'aristocratie au pouvoir).

La concorde paraît donc bien être une amitié politique, et l'on emploie communément le mot en ce sens. Elle roule sur des intérêts communs, et les biens nécessaires à la vie. On comprend alors qu'elle ne puisse exister qu'entre gens de bien : ils s'accordent avec eux-mêmes, et les uns avec les autres, ayant, pour ainsi dire, les mêmes objets en vue. Leurs volontés sont fermes, elles ne sont pas agitées par un continuel flux et reflux comme les eaux du détroit de l'Euripe. Ils souhaitent à la fois la justice et l'intérêt général, par un désir commun. En revanche, il n'est pas possible que les gens vicieux s'accordent, du moins pour longtemps. Ils se montrent à la fois avides de tous les emplois lucratifs et prêts à refuser ceux qui exposent à des fatigues, ou nécessitent de grandes dépenses. Dans l'empressement où se trouve chacun d'obtenir ce qui lui est avantageux, il épie jalousement ses concurrents et cherche à les gêner. L'intérêt général, dont personne ne se soucie plus, est ainsi sacrifié. Il en résulte des dissensions incessantes, puisque chacun veut forcer les autres à observer la justice, et ne saurait se résoudre à l'observer lui-même.

1. *Pittacos* : tyran de Mytilène (VIIe-VIe siècle av. J.-C.).

Pourquoi les bienfaiteurs aiment-ils plus leurs obligés que ceux-ci n'aiment leurs bienfaiteurs ?

7. Il semble que les bienfaiteurs aient plus d'affection pour leurs obligés que ceux-ci n'en ont pour ceux qui leur ont rendu service. Il faut tenter d'expliquer ce fait qui paraît contraire à toute raison. Une explication trop facile est parfois proposée : les uns sont semblables à des débiteurs, les autres à des créanciers, et, comme c'est le cas dans les prêts à intérêt, les débiteurs souhaitent la disparition de leurs créanciers, ceux-ci au contraire tiennent à la conservation de leurs débiteurs.

Épicharme[1] dirait que c'est une explication bien digne de gens qui *ne voient que le mauvais côté des choses*. Certes, elle paraît conforme à ce qu'on sait de l'humaine nature : la plupart des hommes ont la mémoire courte, et désirent qu'on leur fasse du bien, se soucient peu d'en faire eux-mêmes. Mais la comparaison de la relation bienfaiteur-obligé avec la relation créancier-débiteur n'est pas exacte : les créanciers ne ressentent aucune affection pour leurs débiteurs ; au contraire, ceux qui ont rendu un bon service aiment, chérissent les personnes à qui ils ont fait du bien, quand même celles-ci ne leur seraient d'aucune utilité, présente ou à venir.

Leur sentiment ne semble pas différent de celui qu'éprouvent souvent les artistes : ils aiment leur œuvre, plus qu'ils n'en seraient aimés en retour si, d'aventure, elle s'animait et prenait vie. Les poètes, on peut le remarquer, ont communément pour leurs poèmes la tendresse d'un père pour ses enfants. Et le bienfaiteur leur ressemble fort : l'obligé est pour ainsi dire leur ouvrage et ils le chérissent à ce titre, alors que l'ouvrage ne saurait avoir d'affection pour son créateur.

1. *Épicharme* (vers 565-450) : poète comique, disciple d'Héraclite.

En voici la raison : d'abord, l'existence est, pour tout être, aimable et désirable ; elle est activité, force en acte. De même, l'œuvre est actualisation de son auteur. Dès lors, le producteur aime son œuvre comme il aime l'existence.

En outre, le bienfaiteur trouve de la beauté à son action, de sorte qu'elle lui procure de la joie. Mais l'obligé n'est pas sensible à cette beauté. Il ne voit dans l'action qu'une source de profit. C'est dire qu'elle suscite chez lui moins de plaisir et d'admiration.

Notre plaisir a, d'ailleurs, trois sources : l'activité présente, l'espoir du futur, le souvenir du passé. Mais le plaisir le plus grand est celui que donne l'activité elle-même. Or, pour l'agent, pour celui qui est l'auteur du bienfait, l'œuvre subsiste (ce qui est bien est durable), alors que pour l'obligé, seule compte l'utilité du service rendu, et cette utilité passe vite. Le souvenir des belles actions est délicieux, pas du tout celui des choses utiles. L'inverse se produit dans le cas de l'attente.

De plus, aimer nous rend actif, ou créateur ; être aimé nous met dans une position passive. Aussi les êtres supérieurement actifs sont-ils les plus doués pour l'amitié.

Enfin, on s'attache toujours bien plus à ce qui a coûté beaucoup de peine ; et c'est ainsi que ceux qui ont acquis eux-mêmes de la richesse y tiennent plus que ceux qui l'ont reçue de leurs parents. Or, il faut plus d'efforts pour obliger que pour être obligé. C'est pour cela que les mères ont plus de tendresse que les pères pour leurs enfants : elles ont souffert davantage pour les mettre au monde, et sentent mieux que l'enfant leur appartient - sentiment qu'elles partagent avec les bienfaiteurs.

Doit-on s'aimer soi-même par-dessus tout ?

8. Autre question : faut-il se préférer à tout, ou aimer par priorité quelque autre ? Ceux qui se préfèrent sont souvent blâmés et traités d'égoïstes. Et, c'est vrai, le méchant semble ne voir, pour ainsi dire, que lui-même dans ce qu'il fait, et se considérer de façon d'autant plus égoïste qu'il est plus vicieux. Au contraire, l'homme de bien n'agit qu'en pensant au bien de son ami. Plus il est vertueux, plus il a tendance à négliger son propre intérêt au profit de celui d'autrui.

Pourtant, les faits ne vont pas dans le sens de ce que nous venons de dire. On admet que notre meilleur ami doit être l'objet de notre prédilection, et que le meilleur ami est celui qui veut du bien à la personne même de l'autre de façon désintéressée, quand bien même tout le monde devrait l'ignorer.

N'est-il pas, alors, pour lui-même son meilleur ami ? Nous l'avons déjà dit d'ailleurs : l'amitié est, d'abord, amour de soi, puis s'étend aux autres hommes. Tous les proverbes confirment cette opinion : *Une seule âme, entre amis tout est commun : amitié, c'est égalité ; le genou est plus près que la jambe*. Tous ces dictons portent sur la relation à soi, valent pour la préférence de soi que chacun a. Mais, est-ce si certain ? Nous disions le contraire plus haut. Avions-nous vraiment tort ?

Pour répondre à cette question, pour choisir entre les deux opinions que nous avons soutenues tour à tour, il faudrait d'abord préciser le sens du terme : égoïsme. Ceux qui l'emploient de façon péjorative appellent égoïstes les gens avides de richesses et d'honneurs ou obsédés de jouissances sensuelles. Tels sont, on le sait, les penchants de la plupart des hommes, tels sont les biens dont ils font le plus de cas, vers lesquels ils tendent avant tout. Et ils se les disputent avec violence. Ils se laissent entraîner par leurs appétits, par les passions, par la partie irrationnelle de l'âme. On les qualifie d'égoïstes pour les blâmer, pour leur faire reproche de leur conduite. Et personne ne s'aviserait, alors, d'utiliser ce qualificatif pour désigner celui qui s'applique à pratiquer plus qu'aucun autre la justice ou la tempérance, ou toute autre vertu, et se soucie avant tout de faire des actions nobles et généreuses.

Pourtant, celui-ci peut sembler tout particulièrement

égoïste : il cherche à posséder les biens les plus réels et les plus précieux, à contenter en tout la partie intellective de lui-même qui commande à tout le reste. Cette partie, qui a l'autorité suprême, est considérée comme étant l'individu lui-même : de même on identifie la cité à ceux qui, en elle, détiennent le pouvoir (on en dirait autant de n'importe quelle organisation). Il en résulte que celui qui s'en préoccupe avant tout, se préoccupe de ce qui lui est le plus essentiel, de ce qui le définit principalement. Il peut donc, à bon droit, être traité d'égoïste. Mais son égoïsme est très différent de celui qu'on blâme : il en diffère comme une vie rationnelle diffère d'une vie passionnelle, comme l'aspiration au bien véritable diffère du désir de ce qui semble seulement avantageux.

Aussi tous s'acordent à louer et applaudir ceux qui se distinguent par leur empressement à faire de belles actions. Si tous les hommes rivalisaient en noblesse morale, la communauté y trouverait son compte, et serait satisfaite, en même temps que, dans son existence privée, chacun aurait la jouissance du bien le plus précieux - l'excellence morale. D'où il faut conclure que l'homme vertueux doit nécessairement s'aimer lui-même : des nobles conduites, il ne peut manquer de tirer les plus grands avantages personnels, et tous les autres en tirent profit. Au contraire, l'homme vicieux ne le doit pas : en s'abandonnant à ses viles passions, il se fait du tort à lui-même, comme il en cause à tous ceux qui ont quelque rapport avec lui. Chez l'homme vicieux, il y a un désaccord entre ce qui est accompli et ce qu'il aurait fallu accomplir. Chez l'homme vertueux, il y a, à l'inverse, accord : la raison, en lui, commande et lui fait choisir le meilleur.

Il faut ajouter qu'un homme de cette trempe est prêt à tout faire pour ses amis et sa patrie, le cas échéant, même à donner pour eux la vie. Il sacrifierait, en effet, argent, honneurs, tous les biens extérieurs que les hommes se disputent d'ordinaire avec bruit et fureur, conservant pour lui seulement la beauté de l'action morale. Il préfère l'intense joie de l'instant héroïque à la longue durée des satisfactions paisibles, une année de vie glorieuse à des années de vie tranquille, une seule action noble et éclatante à une multitude d'actions mesquines.

Et celui qui fait le sacrifice de sa vie se réserve pour lui-même la plus belle part. Mais il est aussi l'être capable de prodiguer à ses amis ses richesses, de tout faire pour les enrichir : aux amis l'argent, à lui l'excellence morale, à lui, donc, ce qui compte vraiment. De même, pour la puissance et la gloire, il les abandonnera volontiers aux amis, car ce renoncement lui paraît beau et digne d'éloges. Il passe à juste titre pour vertueux : il préfère le vrai bien à tout. Il peut même laisser à ses amis l'occasion d'accomplir de magnifiques actions. Il trouve plus noble d'être la cause de ce que l'autre fait que de le faire soi-même.

On voit donc que, dans la sphère des conduites dignes d'être admirées, l'homme vertueux se taille la part du lion. C'est en ce sens que l'égoïsme est un devoir, pas au sens ordinaire du terme.

L'homme heureux a-t-il besoin d'amis ?

9. Une autre question se pose au sujet de l'homme heureux : a-t-il vraiment besoin d'amis ? On prétend que, quand on est parfaitement heureux, on se suffit à soi-même, dans une sorte d'autarcie. Si l'on possède tous les biens de ce monde, qu'a-t-on besoin de plus ? L'ami étant un autre soi-même aiderait à se procurer ce qu'on ne peut se procurer soi-même. Aussi comprend-on que le poète s'interroge : *Celui que la divinité comble, qu'a-t-il besoin d'amis ?*

Pourtant, il semblerait étrange d'accorder tous les biens à l'homme heureux et de lui refuser des amis, c'est-à-dire le bien le plus précieux. D'ailleurs, si l'amitié consiste plus à donner des services qu'à en recevoir, si la bienfaisance est le caractère propre du vertueux, s'il vaut mieux aider ses amis que des étrangers, l'homme accompli ne saurait se passer d'amis. Qui ferait-il profiter, sinon, de sa bonté ? Dans le même ordre d'idées, on peut se demander si les amis sont plus nécessaires dans la prospérité que dans l'infortune. Dans l'infortune, il nous faut des gens secourables, dans la prospérité, des êtres à secourir.

Il serait, finalement, absurde de vouloir faire de l'homme parfaitement heureux un solitaire : qui choisirait de posséder tous les biens de ce monde pour en jouir seul ? L'homme, ne l'oublions pas, est un être politique, destiné par nature à vivre en société avec ses semblables. C'est vrai de l'homme en général, et donc de l'homme heureux : il est riche de tout ce que nous réserve la nature. Ajoutons qu'il est évidemment plus agréable de passer son temps avec des amis et des hommes bons qu'avec des étrangers ou des compagnons de rencontre. Il faut donc à l'homme heureux des amis.

Que veulent donc dire les auteurs de l'opinion contraire ? Jusqu'à quel point peuvent-ils avoir raison ? Leur raisonnement semble être le suivant : la plupart des gens réservent le nom d'amis aux personnes utiles. Or, l'homme heureux n'en a nul besoin, puisqu'il ne lui manque rien. Comme, d'autre part, sa vie est par elle-même aussi agréable que possible, il n'a pas besoin du plaisir procuré par des compagnons de rencontre. Conclusion : puisqu'il peut se passer de relations utiles et de liaisons délectables, il peut se passer, de façon générale, d'amis.

Mais ce raisonnement est spécieux. Nous l'avons dit au début : le bonheur réside dans une certaine activité. Et l'activité est sans cesse en devenir ; on ne peut prétendre en disposer et en jouir comme d'une chose possédée une fois pour toutes. Étant donné, donc, que le bonheur vient couronner une vie active ; que l'activité de l'homme de bien est vertueuse et agréable par elle-même ; que le sentiment de ce qui nous appartient en propre est tout particulièrement agréable ; qu'il nous est plus facile de contempler ceux avec qui nous vivons que nous-mêmes, leurs actions mieux que les nôtres ; que seules les actions honnêtes sont agréables aux hommes bons, il en résulte que l'homme parfaitement heureux aura besoin d'amis, besoin de contempler les conduites vertueuses de ses amis.

De surcroît, on admettra facilement que la vie de l'homme heureux ne saurait manquer d'être agréable. Or, la solitude est source de bien des peines : il n'est pas facile d'être par ses propres forces sans cesse en activité, alors que c'est plus facile quand on s'associe à quelque autre personne, et qu'on agit pour les autres. Car, alors, l'activité sera plus continue, cette activité par elle-même si pleine de charmes. Elle sera à la fois continue et agréable. L'homme vertueux se sentira avec joie stimulé par le spectacle des belles actions, comme il s'afflige de celles que le vice inspire : il ressemble au musicien qui s'enchante d'entendre de jolies mélodies, et souffre d'entendre de faux accords. Ajoutons que la fréquentation des gens de bien facilite l'exercice de la vertu, ainsi que le montre Théognis[1].

Précisons ce lien du bonheur et de l'amitié, ce qui rend le vertueux si agréable au vertueux. Ce qui est bon par nature est, nous l'avons dit, aussi agréable. Or, la faculté de sentir constitue à elle seule la vie des animaux. Celle des hommes se compose, elle, de sensation et de pensée. Mais la pensée n'est pas seulement puissance d'agir : elle est acte. Et l'activité est essentielle à l'homme : pour lui, vivre consiste dans l'acte de sentir et de penser. Vivre, de surcroît, est agréable et bon en soi : la vie a des limites, et seulement ce qui est limité est de l'ordre du bien. Ce qui est bon pour l'homme de bien l'est aussi pour tous les hommes. Il faut excepter, toutefois, les hommes vicieux et les hommes accablés de peines : car le vice et la peine n'ont pas de limites déterminées.

Si la vie est un bien, elle est, par là même, une chose agréable. Le charme que tous les hommes y trouvent le

1. *Théognis de Mégare* (VIe siècle av. J.-C.) : poète.

prouve, et surtout les hommes vertueux, pour lesquels la vie a les plus grands attraits possibles. De plus, celui qui voit a conscience qu'il voit, celui qui entend a conscience qu'il entend, comme celui qui marche a conscience qu'il marche : la conscience accompagne toutes les actions. Nous avons conscience d'agir. Nous avons conscience de penser et de sentir. Or sentir et penser, c'est vivre. Donc, nous avons conscience de vivre. Et vivre est bon. Avoir conscience de la vie est, par conséquent, agréable, surtout pour l'homme vertueux. Celui-ci éprouve au plus haut point la jouissance d'exister.

Et, comme il est à l'égard de son ami dans la même disposition qu'à l'égard de lui-même, puisque l'ami est un autre lui-même, il souhaite que son ami existe, autant que lui-même souhaite exister. Il souhaite exister surtout s'il est vertueux : la conscience de sa propre bonté lui est agréable. Cette conscience s'accroît de participer à la conscience qu'a l'ami de sa propre existence, ce qui implique de vivre avec lui, d'échanger mots et pensées, de partager ses sentiments. Une telle vie avec l'autre n'est accessible qu'aux hommes. Les animaux savent seulement paître en même temps, dans le même lieu.

Si l'existence est pour lui un bien et une jouissance, si l'existence de l'ami est désirable au même degré, l'homme vertueux ne peut que souhaiter avoir un ami. Il souffrirait d'un manque s'il ne possédait pas ce qu'il désire. Il a besoin d'un ami vertueux.

Faut-il s'efforcer d'avoir beaucoup d'amis ?

10. Faut-il s'attacher le plus grand nombre possible d'amis ? Ou bien faut-il étendre aussi à l'amitié ce qui a été dit par Hésiode, le poète, des liaisons d'hospitalité : *N'en point avoir beaucoup, n'en être pas entièrement dépourvu* ? En tout cas, cette recommandation peut s'appliquer aux amitiés intéressées. Car rendre service à beaucoup de personnes est pénible. La vie entière n'y suffirait pas. Si le nombre des amis utiles excédait nos besoins, ils seraient superflus et feraient obstacle à l'agrément de l'existence. Quant aux amis qui ne peuvent servir qu'au plaisir, il en faut peu, comme il faut peu d'assaisonnement dans les aliments.

Mais, des amis vertueux, doit-on s'efforcer d'en avoir la plus grande quantité possible, ou bien faut-il une limite à leur nombre, comme il y en a une, qu'il vaut mieux ne pas dépasser, pour les habitants d'une cité ? Dix hommes ne font pas une cité, cent mille hommes non plus. Ceci dit, il est difficile de fixer un nombre précis : tout au plus peut-on déterminer certaines limites. On ne peut, pour ce qui est de l'amitié, aller au-delà du nombre avec lequel on n'ariverait pas à mener une vie d'intimité. L'intimité est, nous l'avons vu, un caractère essentiel de l'amitié, et elle est incompatible avec le grand nombre. D'ailleurs, il importe que nos amis soient aussi amis les uns des autres : ce qui n'est pas commode s'ils sont légion. Il est de surcroît difficile de participer aux plaisirs et aux peines de beaucoup : il faudrait en même temps se réjouir avec l'un, s'affliger avec l'autre. Peut-être donc est-il préférable de ne pas chercher à avoir le plus grand nombre possible d'amis et n'en désirer qu'un nombre compatible avec la vie commune et intime. On ne saurait avoir pour beaucoup une amitié solide. L'amour, qui n'est pas sans faire penser à une amitié excessive, ne s'adresse qu'à un seul.

Les faits nous donnent raison. On n'a jamais une foule de camarades. Les amitiés chantées par les poètes n'unissent que deux êtres. Vouloir faire plaisir à tous, c'est finalement n'être ami de personne (sauf dans le cas d'une amitié politique), c'est se faire taxer de complaisance. Les amitiés entre concitoyens, elles seules, accordent le grand nombre. Pas les amitiés morales : il n'y a pas beaucoup de personnes qu'on puisse aimer pour elles-mêmes, en raison de leur vertu. On peut s'estimer heureux si on en rencontre quelques-unes.

A-t-on plus besoin d'amis dans le bonheur que dans l'infortune ?

11. Est-ce dans la prospérité ou dans l'adversité que les amis nous sont les plus nécessaires ? Dans tous les cas, on est à leur recherche. Les infortunés manquent de soutien, et ceux que le sort favorise doivent trouver des personnes avec qui ils puissent vivre et à qui ils puissent faire du bien comme ils en ont le désir. Il est donc plus indispensable d'avoir des amis lorsqu'on est dans une passe difficile, des amis utiles surtout, mais il est plus beau d'avoir des amis lorsqu'on est heureux. On préfère alors des gens de bien : c'est à leur égard d'abord qu'il importe de se montrer généreux, avec eux qu'il est bon de vivre. La présence des amis est, de toute façon, une joie, qu'on soit dans le malheur ou le bonheur. Ils allègent les chagrins en les partageant. Nous font-ils plaisir par la façon dont ils nous rendent les fardeaux moins pesants en les portant avec nous, ou par leur seule présence et la simple pensée qu'ils participent à nos afflictions ? Peu importe au fond la raison du soulagement qu'ils nous procurent. Le résultat est là : ils rendent nos peines moins vives. Nous le constatons par expérience.

Et pourtant, le plaisir apporté par les amis n'est pas sans mélange. D'un côté, c'est certain : l'ami, par sa présence, aide le malheureux, le console (et, s'il a du tact, son seul aspect et ses discours suffisent ; tant il connaît bien son ami, sait ce qui lui cause plaisir ou peine). D'un autre côté, pourtant, on peut trouver regrettable que nos infortunes puissent attrister ceux qu'on aime. Et il n'est personne qui n'essaie d'éviter d'être une cause de souffrance pour ses amis. Voilà pourquoi les hommes d'un caractère fort craignent d'associer leurs amis à leur détresse. Il faudrait, d'ailleurs, qu'ils soient d'une extraordinaire insensibilité pour supporter de leur causer du chagrin. En général, comme ils sont peu enclins aux lamentations, ils les supportent difficilement chez les autres. Au contraire, les femmelettes, et les hommes qui leur ressemblent, ne regardent comme amis que ceux qui gémissent en leur compagnie, et s'associent à leurs souffrances. Or, en toutes choses, il faut prendre exemple sur les meilleurs.

Il y a, d'ailleurs, bien du charme, lorsqu'on est heureux, à se sentir entouré d'amis, à penser qu'ils se réjouissent aussi.

Pour conclure, il faut, en période de réussite, appeler ses amis auprès de soi, et, en cas d'échec, les éviter, pour ne pas leur faire partager une tristesse. Comme l'a dit le poète : *C'est bien assez que je sois malheureux.* Il faut, surtout, solliciter ses amis lorsqu'ils sont en mesure de rendre service sans prendre beaucoup de peine. Inversement, il faut s'empresser d'aider un ami sans même attendre qu'il le demande. N'est-ce pas là le propre de l'amitié : faire du bien, soutenir ceux qui en ont besoin, même s'ils ne crient pas au secours ? En tout cas, l'assistance ainsi apportée est à la fois plus honorable et plus agréable. Même les amis dans la prospérité, il faut les seconder avec ardeur, car ils peuvent aussi en avoir besoin. Par contre, il faut montrer peu d'empressement à en recevoir les bons offices : il n'est pas honorable de montrer un vif désir de les utiliser. Il ne faut pas, pour autant, être grossier en refusant leur appui, comme cela arrive quelquefois. Ainsi, en toutes circonstances, la présence des amis paraît précieuse.

Pourquoi désire-t-on vivre avec ses amis ?

12. La vie commune est-elle vraiment si désirable ? Ce qui charme le plus dans l'amour, on le sait, c'est la vue de la personne aimée : pas de sensation plus réjouissante pour les amoureux. En est-il de même pour les amis ?

L'amitié, d'abord, est une communauté. Les sentiments qu'on a pour soi-même, on les a pour un ami. Comme on désire sa propre existence, on désire celle d'un ami. Or la conscience de l'existence s'actualise vraiment grâce à la vie commune. Il est donc compréhensible que les amis aspirent à se fréquenter assidûment.

En outre, ce qui conduit à aimer la vie, c'est ce qu'on fait avec les amis. Les occupations préférées ne sont pas les mêmes pour tous : les uns passent leur temps à boire ensemble ou à jouer aux dés ; les autres se réunissent pour s'exercer à la gymnastique, ou pour chasser, ou pour étudier la philosophie. Étant donné que les hommes souhaitent vivre en compagnie de leurs amis, ils s'adonnent avec eux à ces activités, éprouvant ainsi l'agrément de la vie commune.

On comprend ainsi, pour finir, les dangers de l'amitié des méchants. Malgré leur instabilité, ils se livrent ensemble à de coupables activités, s'influencent de cette manière, et deviennent de plus en plus corrompus. Tout au contraire, les gens de bien accroissent, en se fréquentant régulièrement, leur amitié, et s'améliorent, en se corrigeant mutuellement, et en prenant modèle les uns sur les autres. Ce qui a fait dire à Théognis : *Des êtres vertueux on apprend la vertu*.

Mais en voilà assez sur ce sujet ; il nous reste à traiter du plaisir.

Aubin Imprimeur
LIGUGÉ, POITIERS

Achevé d'imprimer en juillet 1995
N° d'édition 14797 / N° d'impression L 49616
Dépôt légal juillet 1995 / Imprimé en France